essentials

essentials liefern aktuelles Wissen in konzentrierter Form. Die Essenz dessen, worauf es als „State-of-the-Art" in der gegenwärtigen Fachdiskussion oder in der Praxis ankommt. *essentials* informieren schnell, unkompliziert und verständlich

- als Einführung in ein aktuelles Thema aus Ihrem Fachgebiet
- als Einstieg in ein für Sie noch unbekanntes Themenfeld
- als Einblick, um zum Thema mitreden zu können

Die Bücher in elektronischer und gedruckter Form bringen das Expertenwissen von Springer-Fachautoren kompakt zur Darstellung. Sie sind besonders für die Nutzung als eBook auf Tablet-PCs, eBook-Readern und Smartphones geeignet. *essentials:* Wissensbausteine aus den Wirtschafts-, Sozial- und Geisteswissenschaften, aus Technik und Naturwissenschaften sowie aus Medizin, Psychologie und Gesundheitsberufen. Von renommierten Autoren aller Springer-Verlagsmarken.

Weitere Bände in der Reihe http://www.springer.com/series/13088

Gerald Massini

Klarheit und Wertschätzung in der Führung

Ein Leitfaden für Vorgesetzte und Führungskräfte in Unternehmen und Organisationen

Gerald Massini
Mensch Werte Unternehmen
GM coaching
Rosenfeld, Deutschland

ISSN 2197-6708   ISSN 2197-6716   (electronic)
essentials
ISBN 978-3-658-23352-5   ISBN 978-3-658-23353-2   (eBook)
https://doi.org/10.1007/978-3-658-23353-2

Die Deutsche Nationalbibliothek verzeichnet diese Publikation in der Deutschen Nationalbibliografie; detaillierte bibliografische Daten sind im Internet über http://dnb.d-nb.de abrufbar.

Springer Gabler

Springer Gabler ist ein Imprint der eingetragenen Gesellschaft Springer Fachmedien Wiesbaden GmbH und ist ein Teil von Springer Nature
Die Anschrift der Gesellschaft ist: Abraham-Lincoln-Str. 46, 65189 Wiesbaden, Germany

Was Sie in diesem *essential* finden können

- Eine kompakte Darstellung der „Führung in Klarheit und Wertschätzung" mit ihren wichtigsten Aspekten.
- Wie Führung den heutigen komplexen Situationen in westeuropäischen Unternehmen und Organisationen sowie den individuellen Menschen gerecht wird.
- Erläuterungen der Zusammenhänge von Führung mit Klarheit, Wertschätzung, Kommunikation, Aufgabe, Ziel, Person, Umfeld, Situation, Freiräumen, Identifikation, Verantwortung, Vertrauen, Vorbild, Anerkennung, Engagement, Motivation, Werten.
- Was Führung mit Gesundheit zu tun hat.
- Konkrete und umsetzbare Hinweise und Anregungen für den Führungsalltag, und wie Potenziale, Engagement und Motivation von Mitarbeitern gesteigert werden.

Vorwort

Sie wollen etwas über Führung in Unternehmen und Organisationen erfahren? Glückwunsch! Sie können sich nun durch meterlange Literatur durchkämpfen, verschiedene Stile und Schulen studieren und stehen doch vor der Frage, wie Sie dies in der gelebten Praxis umsetzen? Dazu sehen Sie die Individualität Ihrer Mitarbeiter, die Globalität und verschiedenste Bedürfnisstrukturen? Es scheint in dieser Komplexität als schiere Überforderung. Und doch: Führung heute kann gelingen mit wenigen einfachen Hilfsmitteln und einem großen Interesse an Menschen. Probieren Sie es aus! Das einfache Modell aus Klarheit und Wertschätzung inkl. vieler Anregungen finden Sie gleich hier.

Anregungen aus der vielfältigen Erfahrung als Führungskraft in Mittelstand und Konzern sowie aus der Außensicht durch die Arbeit als Coach mit Führungskräften. Stets angeregt durch die Vielfalt der Menschen und ihrer Individualität.

Wundern Sie sich bitte nicht, dass es im Untertitel für „Vorgesetzte und Führungskräfte" heißt. Denn nicht nur Vorgesetzte führen …

Im Sinne der einfacheren Lesbarkeit wurde in diesem *essential* auf die Unterscheidung zwischen weiblicher und männlicher Form verzichtet. Um es klar zu sagen: Es sind trotzdem und unbedingt alle angesprochen!

Gerald Massini

Inhaltsverzeichnis

Einleitung 1

Dieses Buch ist ein eindringliches Plädoyer für Klarheit und Wertschätzung in der Führung. Als Führung in Klarheit und Wertschätzung. Den Menschen zugewandt. Denn es sind in der heutigen Komplexität mehr denn je die einzelnen Menschen, die das Unternehmen oder die Organisation ausmachen. Beispiel? Folgende Situation, die übertragbar ist, wo immer Menschen miteinander zu tun haben: Man kauft ein Produkt eines namhaften Weltkonzerns. Der Mitarbeiter dieses Weltkonzerns, der das Produkt installiert oder erklärt, ist inkompetent und dazu unfreundlich. Am Ende hat man Ärger und das Produkt funktioniert nicht. Da kann der Weltkonzern noch so einen schillernden Brand haben, das Produkt noch so ausgefeilt beworben sein. Wenn der Typ vor einem eine Pfeife ist, nützt das alles nichts. Und im heutigen Fachkräftemangel steht der Nächste nicht gerade um die Ecke. Also: Menschen machen den Unterschied. Und genau das ist es in jedem Team, in jeder Firma, bei den Partnerfirmen usw. auch. Es sind immer die Menschen, mit denen man zusammenarbeitet, die Dinge bewegen, die Lösungen möglich machen oder eben nicht … Führen Führungskräfte entsprechend? Geben sie den Mitarbeitern das, was diese zur bestmöglichen Erfüllung ihrer Arbeit brauchen? Wissen die Mitarbeiter, was wirklich zählt, und schätzt die Führungskraft dies? Können die Mitarbeiter motiviert arbeiten?

Es ist nun leicht gesagt, das soll der eigene Chef erst mal mir gegenüber so leben … denn Führungskräfte sind ja zumeist selber Mitarbeiter. Doch Verantwortung fängt bei jedem selbst an! Es liegt an jedem Einzelnen, mit Führung in Klarheit und Wertschätzung zu beginnen. Nicht nur Mitarbeiter merken das. Wenn es gelingt, werden auch Chefs aufmerksam.

Nun also Führung in Klarheit und Wertschätzung. Was gibt es nicht alles schon an Führungsstilen, Schulen, Begriffen usw.? Jeder in seinem Umfeld und zu seiner Zeit entstanden. Geprägt von den Umständen. Geschichtlich, politisch

© Springer Fachmedien Wiesbaden GmbH, ein Teil von Springer Nature 2019
G. Massini, *Klarheit und Wertschätzung in der Führung*, essentials,
https://doi.org/10.1007/978-3-658-23353-2_1

und vom Zeitgeist bedingt. Situationsbedingt. Unternehmenskennzeichnend. Weiterentwickelt. Verbogen. Als Rechtfertigung herangezogen.

Und heute sind sie irgendwie alle präsent. Werden mehr oder minder gelebt. Mit ihren Folgen. Und prallen auf die heutige Zeit. Auf die Menschen mit ihren Prägungen und Erwartungen, ihrer Individualität, ihrem Freiheitsdrang und ihrer Sehnsucht auf Selbstverwirklichung. Auf eine globalisierte Welt. Auf eine komplexe Informations- und Kommunikationstechnologie. Wo alles und jedes zu jeder Zeit möglich scheint. Auf eine Zeit, in der es scheinbar keine Grenzen mehr gibt.

Wo früher klar war, man geht zur Arbeit, um Geld zu verdienen, und der Chef sagt wo es lang geht, ist heute gar nichts mehr klar. Menschen sind in ihrer Vielfalt individualisiert und streben nach Verwirklichung ihrer selbst. Arbeitswelten sind nicht mehr klar getrennt, sondern überschneiden sich vielfältig. Mitarbeiter wollen beachtet werden und suchen Erfüllung und Sinn. Komplexes soll greifbar werden und kundenfreundlich. Entwicklung und Technologie werden immer schneller. Geteiltes Wissen und übergreifende Zusammenarbeit zum Wettbewerbsvorteil. Und Menschen sehnen sich in all dem mit ihrer emotionalen Seite nach Menschlichkeit.

Wie sollen die bisherigen Führungsstile als isolierte Stile da mithalten? Heute braucht es mehr!

Um blitzlichtartig kurz einige dieser hergebrachten Führungsstile zu betrachten:

Zum Beispiel der patriarchische Führungsstil. Er funktioniert eine bis wenige Generationen lang. Solange mit dem Patriarchen eine Persönlichkeit da ist, an der sich die Mitarbeiter gerne orientieren, zu der sie hoch schauen und eine emotionale Bindung entwickeln können. Eine Persönlichkeit, die für das Unternehmen und seine Produkte authentisch steht, und die den Mitarbeitern gut gesonnen ist. Der Patriarch duldet jedoch in der Regel keine Individualität. Er weiß in der Regel dafür sehr genau, was die Mitarbeiter leisten. Und welche Nase ihm gefällt. Doch wehe er ist weg. Wie oft geht dann das Unternehmen im Strudel der Orientierungslosigkeit unter.

Oder der autoritäre Stil. Der sich nicht zu wundern braucht, warum Mitarbeiter Dienst nach Vorschrift tun oder innerlich gekündigt haben. Weil er nur mit Macht handelt, und oft Angst, Misstrauen und Hörigkeit unter den Mitarbeitern herrscht.

Laisser-faire als Führungsstil hat die Orientierungslosigkeit schon im Namen. Wertschätzung gibt es hier in der Regel wenig. Hier herrscht das Sein beliebiger Ausprägung. Irgendwie wird es schon klappen.

Ein situativer, kooperativer oder individueller Führungsstil richtet sich jeweils immer nur auf einen Aspekt aus der Thematik Unternehmen/Mitarbeiter. Da sich z. B. situative und individuelle Bedürfnisse widersprechen können.

Bei all diesen Betrachtungen bestätigt die einzelne Ausnahme die Regel …

Doch wie lösen? In Klarheit und Wertschätzung!

Unter Zugrundelegung all der Führungsstile, Modelle und Theorien, wie in einem Schmelztiegel, gilt es der heutigen Komplexität, Vielfalt und Individualität gerecht zu werden. Für den gemeinsamen Erfolg!

Stile, die nur einzelne Aspekte im Visier haben, werden versagen. Autoritär ist nicht wertschätzend, Laisser-faire ist nicht Klarheit, Situativ ist nicht menschengerecht.

Klarheit und Wertschätzung sind bidirektional, empathisch, motivierend und mehr. Sie sind die Grundlage für zielgerichtetes, erfolgreiches und erfüllendes Tun. Für alle Beteiligten.

Doch trotz der Globalisierung: Wie klein ist die tägliche Welt? Wie schnell der Alltag? Und dafür braucht es einfache individuelle Muster. Den Menschen und den Situationen angemessen. Führung in diversifizierten Zeiten, mit mannigfaltigen Hintergründen und mannigfaltigen Ausprägungen.

Also Führung in Unternehmen und Organisationen weg von den klassischen Schulen oder Stilen hin zu einfachen Worten wie: Klarheit und Wertschätzung.

Hört sich einfach an? Doch es steckt mehr dahinter, als auf den ersten Blick zu vermuten ist.

Es gibt, wie bereits angeschnitten, unterschiedliche Führungsstile. Und es gibt unterschiedliche Unternehmenskulturen. Die Krux dabei ist, wenn wir diese Stile und Kulturen als einzig selig machende pauschal über alles stülpen, dass wir dann zwar alle Mitarbeiter gleichbehandeln, jedoch immer Menschen dabei verlieren. Dabei machen genau Menschen unsere Unternehmen aus. Menschen sind individuell. Und das ist die Chance unserer heutigen Zeit: Genau dies in den Blick zu nehmen. In Klarheit. Nur indem die jeweilige Führungskraft die Menschen in ihrer individuellen Persönlichkeit anspricht und mitnimmt, mit ihren individuellen Stärken und Schwächen, wird sie sie gewinnen können. In Wertschätzung. Und den Anteil derer, die üblicherweise auf der Strecke bleiben, minimieren.

Gewinnen heißt, dass sowohl der Mitarbeiter als auch das Unternehmen größtmögliche Freude und Nutzen aneinander haben. Dies ist die größte Herausforderung an Führung und für die Führungskraft heute. Und sie kann nur gelingen, wenn die Führungskraft sich bewusst ihrer Führungsaufgabe stellt.

Dazu braucht es mehr Fähigkeiten, als fachliche oder soziale Kompetenzen. Dazu braucht es die Liebe zu Menschen, gegenseitige Wertschätzung sowie die Klarheit in Miteinander und Führung. Darin liegt, dass dies beim Vorgesetzten, bei der Führungskraft selbst beginnt. Als Vorbild. Unbenommen davon, dass es auch eine Verantwortung des Mitarbeiters gibt. Letztendlich verdienen sich beide den Umgang miteinander und die Freude. Das ist die Herausforderung.

Eine Führungskraft, die in sich den Wert der Menschlichkeit in Wertschätzung und Klarheit entdeckt hat, wird Menschen wirklich gewinnen können. Dies bedarf und lohnt der persönlichen Entwicklung, Reifung und Klärung. Authentizität und die Liebe zu den Menschen ermöglichen eine Führung in Klarheit und Wertschätzung.

Führung als Haltung und Wert

2

Ist Führung ein beliebiges Instrument? Eher nein. Führung weg von „Befehl und Gehorsam" hin zu „miteinander motiviert ein Ziel erreichen" braucht Glaubwürdigkeit. Werte. Überzeugungen. Bewusste und unbewusste Haltungen. Ein Mitarbeiter bemerkt, wenn sich diese widersprechen.

Natürlich lässt sich Führungsverhalten lernen. Eine neue bewusste Haltung zu verinnerlichen, im Unterbewusstsein zu verankern und glaubwürdig zu leben, braucht jedoch eine feste eigene Überzeugung und Zeit.

Führung IN Klarheit und Wertschätzung. Vielleicht verwundert es, dass es „in Klarheit und Wertschätzung" und nicht „mit Klarheit und Wertschätzung" heißt. Klarheit und Wertschätzung sind, wenn man sie wirklich lebt, nicht Mittel zum Zweck. Nicht Beiwerk. Also eben nicht „mit". Sondern Klarheit und Wertschätzung sind eine Grundhaltung. Eine Lebenseinstellung. Eine Haltung, in der der Mensch dies aus sich heraus so macht und lebt. Authentisch. Als innerer Wert. Aus Überzeugung. Eben in Klarheit und Wertschätzung.

Führung in Klarheit UND Wertschätzung braucht dieses UND. Klarheit allein kann unbarmherzig sein. Wertschätzung allein kann sich verzetteln. Erst in Kombination entsteht eine zielgerichtete und menschliche Führung. Übrigens in beide Richtungen. Lebt die Führungskraft dieses vor, kann der Mitarbeiter es annehmen. Starke Mitarbeiter leben das auch von sich aus und fordern dies ein. Auch wenn die Führungskraft es nicht lebt. Das sind jedoch eher die Ausnahmen. Grundsätzlich wird das Verhältnis zwischen Vorgesetztem und Mitarbeiter auch immer etwas mit Macht und oder Ordnung zu tun haben. Selbst wenn auch nur unterbewusst.

© Springer Fachmedien Wiesbaden GmbH, ein Teil von Springer Nature 2019
G. Massini, *Klarheit und Wertschätzung in der Führung*, essentials,
https://doi.org/10.1007/978-3-658-23353-2_2

Für jede Führungskraft ist deshalb wesentlich, sich über den eigenen Führungsstil bewusst zu werden, klar zu werden. Eine Führung in Klarheit und Wertschätzung bedeutet, auf Kommunikation und Abstimmung zu achten, sicherzustellen, dass alle das gleiche Verständnis haben, Mitarbeiter als Menschen auf Augenhöhe ernst zu nehmen. In der optimalen Reinform bewirkt dies, dass sich ganz automatisch eine gemeinsame Ausrichtung herauskristallisiert. Dass Mitarbeiter nicht verunsichert werden. Im Gegenteil. Sie werden gestärkt und können sich entfalten.

Ist Führung nun eine Aufgabe oder Berufung? Hat man es, oder kann man es lernen und nachmachen? Was ist in guten Führungskräften angelegt als Chance und als Gefahr? Nun ja. Immer beides. Deswegen kommt es auf die Haltung an. Auf die Nutzung und das Verhalten. Auf die Werte.

Führung ist natürlich eine Aufgabe. In allen Gemeinschaftskonstrukten kommt sie in unterschiedlicher Form vor, wird unterschiedlich gelebt und gefordert. Doch hoffentlich ist sie auch Berufung. Jemand der sich mit Führung quält – oder Mitarbeiter quält – sollte eine andere Aufgabe wählen.

Führung wird jedoch auch dem Berufenen nicht komplett in die Wiege gelegt. Er mag gute Anlagen dazu haben, Menschenliebe, Organisationstalent und Zielstrebigkeit mitbringen. Jedoch auch dann bedeutet Führung lebenslanges Lernen. Neugierig sein. Abschauen was gut ist und was man besser vermeidet. Nicht nur, weil sich Zeiten und Technik sowie Bedürfnisse der Menschen ändern, sondern auch weil sich ständig neue Erkenntnisse im Rahmen der Hirnforschung und Psychologie ergeben.

Chancen und Gefahren gibt es immer. Auch Führungskräfte sind nur Menschen. Mit eigenen Bedürfnissen, Fehlern und Schwächen. Doch die entscheidende Frage ist, können sie damit umgehen? Starke Führungskräfte können zu Fehlern stehen, sich entschuldigen, eigene Bedürfnisse zugunsten des großen Ganzen zurückstellen.

Überall in diesen Ausführungen stecken Haltung und Werte als innere Qualitäten der Führungskraft. Und Klarheit in Haltung und Werten ist nicht zuletzt Basis für die Glaubwürdigkeit der Führungskraft.

Klarheit bedeutet Klärung, beinhaltet Klärung. Keine Order. Klarheit gilt für beide Seiten und in jeder Hinsicht. Nicht nur ein Leistungsträger soll wissen, was der Vorgesetzte an ihm schätzt. Jeder Mitarbeiter soll wissen, was der Vorgesetzte von ihm erwartet, und dass er es mit seinen Möglichkeiten schaffen kann. Auch eine Führungskraft darf Klarheit von ihrem Mitarbeiter erwarten.

Ein typischer Prozessablauf für Klarheit zu einem Thema kann der ewige Kreislauf von Absprache und Korrektur sein. In Schritten ausgedrückt:

1. Thema: das Thema steht im Raum
2. Klärung: zunächst für sich selbst Klarheit herstellen
3. Absprache: die Betroffenen mitnehmen und beteiligen, solange bis alle das gleiche Verständnis haben
4. Blick: Zwischengespräch oder Beobachtung. Haben alle das Gleiche verstanden? Stimmt die Richtung?
5. Entscheidung: Korrektur oder Aktion erforderlich?
6. Zurück zu: 2. „Klärung"

Natürlich gibt es Sondersituationen. In einem Katastrophenfall kann man nicht diskutieren. Hier kommen (hoffentlich geübte) Notfallpläne zum Einsatz. Und einer hat das klare Kommando. Wie fatal, wenn sich hier nicht alle dem einen Ziel, die Katastrophe zu bekämpfen, unterordnen. Im Alltag von Unternehmen und Organisationen sollte dies jedoch keine Rolle spielen.

Übrigens geht es natürlich nicht nur um Klarheit im Ziel oder der Aufgabe. Sondern, um dem Menschen gerecht zu werden, eben auch um Klarheit bezüglich Sicherheit. Sicherheit des Mitarbeiters. Unter Berücksichtigung von dessen Bedürfnissen und Ängsten. Die größte Aufgabe als Führungskraft ist allein schon, Mitarbeiter weder zu demotivieren noch zu verunsichern.

Klarheit braucht, nicht nur um wertschätzend zu sein, Sensibilität und Empathie. Sonst demotiviert bzw. schlimmstenfalls verliert sie die Menschen. Klarheit braucht Wahrnehmung für den Anderen. Die Art, wie dieser etwas annimmt, und wie er darauf reagiert. Nicht nur im bewusst wahrnehmbaren Bereich von Sprache, Mimik oder Gestik, sondern auch z. B. im körperreaktiven Bereich.

Es wäre so einfach, nur das Produkt und das Geld zu sehen. Doch da sind die Menschen, als Mitarbeiter und Kunde. Mit ihrer Individualität und Bedürfnissen, Möglichkeiten und Fähigkeiten. Deshalb: Jede reduzierte Sichtweise wird letztendlich Gefahr laufen, den nicht betrachteten Dingen nicht gerecht zu werden.

Wie all das zusammenbringen? Alles in allem gar nicht so einfach in den Prägungen unserer Zeit: Individualität, Information, Globalität, Wettbewerb, Selbstverwirklichung, usw. Immer unter Berücksichtigung des Gesamtsystems, der Person, Situation und Umstände.

In all dem geben Führungskräfte Orientierung. Hoffentlich! Wirkliche Führungskräfte geben mehr. Sie verantworten einen Raum und Kontext, in dem Mitarbeiter gerne leben und arbeiten. In dem alle Beteiligten zu Leistung beflügelt werden, ihr Bestes mit Freude geben und sich entfalten können.

Denn: Menschen prägen das Unternehmen und machen den Unterschied. Nicht der Unternehmensname, sondern der Mensch macht den Erfolg aus, repräsentiert das Unternehmen, begegnet dem Kunden, ist Ansprechpartner für den Kollegen usw. Gut wenn Unternehmenskultur und Führungskultur dies wertschätzen und damit im Wechselspiel stehen. Und dies braucht als Basis eine Führung in Klarheit und Wertschätzung, als Haltung und Wert!

Das Modell aus Klarheit, Wertschätzung und Motivation   3

Um Führung in Klarheit und Wertschätzung im Überblick zu erfassen, ist folgendes Modell mit den 3 Kernworten und hinführenden Fragen hilfreich:

- **Klarheit**
- **Wertschätzung**
- **Motivation**

3 Kernworte, wobei durch echte Klarheit und Wertschätzung sich Motivation in Folge ergeben sollte. Im Folgenden wird allgemein vom Sender gesprochen. Mit Absicht. Denn damit ist nicht nur die Führungskraft angesprochen. Auch Mitarbeiter können so Einfluss nehmen bzw. diese Instrumente sinnvoll nutzen.

Klarheit Bringt der Sender die Dinge auf den Punkt? Ist er klar und eindeutig in der Sprache? Ist er für sich selbst klar, im Reden und Handeln? Gibt er Orientierung (klare Information, klares Ziel und Randbedingungen) sowie gestaltbare Freiheit und Freiräume (Gestaltungsfreiheit, Vertrauen, Selbstverantwortung, Entfaltungsräume)? Achtet er darauf, wie der Empfänger reagiert? Stellt er Rückfragen? Bezieht er den Empfänger mit dessen Bedenken ein? Hört er zu? Ist er offen für Rückmeldungen? Erklärt er das Warum? Wird gemeinsam auf jeweiligen In- und Output von Sender und Empfänger geachtet? Legt der Sender Wert darauf, dass zum Abschluss ein gutes gemeinsames Verständnis da ist? Ist er konsequent? Achtet er auf das bekannte KISS: Keep it smart and simple? Klarheit ist Sicherheit.

Wertschätzung Wie wird zwischen den Beteiligten kommuniziert? Welche Gesprächsatmosphäre herrscht? Ist Freude beim Einzelnen und in der Gesamtheit zu spüren? Spielt neben der Funktion auch der Mensch eine Rolle? Ist

© Springer Fachmedien Wiesbaden GmbH, ein Teil von Springer Nature 2019
G. Massini, *Klarheit und Wertschätzung in der Führung*, essentials,
https://doi.org/10.1007/978-3-658-23353-2_3

gegenseitiges Verständnis und Einverständnis wichtig? Ist bei Kritikgesprächen eine klare Trennung zwischen Person und kritisiertem Verhalten wahrnehmbar? Ist die Kritik so benannt, dass sie verstanden und annehmbar wird, nach vorne zeigt und bestenfalls sogar motiviert? Benennt der Sender auch positive Eigenschaften und Beobachtungen seinem Gegenüber? Auch selbstverständliches? Sagt er, was ihm gefällt, warum es ihm gefällt und wie sich dies auswirkt? Bindet er sein Gegenüber ein? Fragt er, was der Andere meint, wie es ihm geht, was er machen würde? Spielen persönliche Belange eine Rolle? Wertschätzung ist bidirektional. Sie ist Geben und Nehmen. Sowie die gewinnende Rückmeldung über persönlich Geleistetes. Wertschätzung ist gegenseitiges Einbinden auf Augenhöhe. Gegenseitige Achtung und Respekt.

Motivation Kann der Empfänger die Inhalte verstehen, das Warum und Wozu? Fühlt er sich gut dabei? Sind die externen Inputs geeignet, in ihm eine positive innere Resonanz zu erzeugen? Sprich, die intrinsische Motivation des Empfängers zu wecken? Motivation ist dann persönlich anhaltend, wenn sie den inneren Werten und Bedürfnissen des jeweils betroffenen einzelnen Menschen entspricht. Für den Empfänger ist Motivation deshalb zunächst, den Hintergrund zu verstehen. Das „Warum soll etwas so sein, wie es sein soll?". Um dann als Nächstes für sich die Lukrativität zu bewerten, das Wozu: „Wo ist der Nutzen für mich als Empfänger (individuell oder gemeinschaftlich)? Wie entspricht es den eigenen Werten und Bedürfnissen? Wie steht es um die Erreichbarkeit (Wahrscheinlichkeit, Einfluss, vorhandene Ressourcen und Kompetenz, etc.)?". Nicht zuletzt steht hinter der Motivation auch das Wort Freude: Haben die Beteiligten Freude an dem, um was es geht? Verspüren der Einzelne und die Gesamtheit Lust darauf? Denn Freude setzt nicht zuletzt über hirnphysiologische Prozesse ungeahnte Kräfte und Energie frei. Und Motivation ist Antrieb und Energie.

Klarheit bedeutet somit, als Person im Reden und Handeln zweifelsfrei zu sein. Und eine Botschaft so zielführend und überzeugend zu vermitteln, dass wenig Spielraum für Interpretationen oder Missverständnisse bleibt.

Und Wertschätzung bedeutet Achtsamkeit mit sich und den Mitmenschen, sowie wahre bidirektionale Anerkennung in Menschlichkeit und Empathie, warmherzig, in Verbundenheit.

Beides gehört für gute Führungskräfte zweifelsfrei zusammen und ist unabdingbare Grundlage für Motivation. Fehlt eines oder gar beides, braucht es nicht zu verwundern, wenn Arbeitshaltung und Klima vergiftet sind.

Nicht zu verwechseln ist Klarheit mit Schroffheit. Klarheit funktioniert nur in Verbindung mit Menschlichkeit. Mit Wertschätzung. Deshalb sind bei aller Klarheit immer die Regeln der Kommunikation zu verwenden. Der Sprechende redet von sich, seinen Bedürfnissen und seinen Wahrnehmungen. Er nutzt Fragen. Legt Wert auf gemeinsame Vereinbarungen. Z. B. kann das Modell der gewaltfreien Kommunikation von Marshall B. Rosenberg hier mit seinen 4 Schritten „Beobachtung, Gefühl, Bedürfnis, Bitte" ergänzend geeignete Anknüpfungspunkte bieten.

Von den 3 genannten Kernworten „Klarheit, Wertschätzung, Motivation" lohnt es sich, die Wertschätzung noch genauer anzuschauen. So ist **Wertschätzung,** gleichwohl als Basis und Auswirkung, eng verbunden mit Werten wie Vorbild, Anerkennung und Vertrauen:

- **V**orbild: Als Vorbild erwartet derjenige bitte nur das von anderen, was er selbst tut bzw. bereit ist zu tun. Man wird als Vorbild nicht das berühmte Wasser predigen und selbst den Wein trinken. Vorbilder sind glaubwürdig.
- Anerkennung: Die Anerkennung sagt nicht nur gut oder schlecht. Sie kommuniziert, was genau und warum war es gut bzw. schlecht. Und wozu dient es. Und es bleibt nicht bei der Rückmeldung allein. Sie erklärt, warum es genauso rückgemeldet wird.
- Vertrauen: Vertrauen kann dort entstehen, wo Glaubwürdigkeit (Tue was Du sagst), Zuverlässigkeit (Abmachungen gelten und werden eingehalten) sowie Verbundenheit (persönlich, integer, zuhören, mitdenken, interessiert sein, …) herrscht. Egoismus, Selbstüberhöhung und Arroganz dagegen zerstören Vertrauen.

Die 3 Kernworte „Klarheit, Wertschätzung, Motivation" messen sich allein daran, wie sie im Alltag umgesetzt und gelebt werden. Sie berücksichtigen im Alltag von Unternehmen und Organisationen die verschiedenen Bedürfnisse zum jeweiligen Zeitpunkt umfassend. Im ausgereiften Stadium dann jeweils all die Bedürfnisse des Unternehmens bzw. der Organisation, die der Situation, die der Randbedingungen und vor allem die der Menschen, die ja das jeweilige Unternehmen oder die Organisation ausmachen und prägen. Die Menschen sind es letztendlich, die zentral für den Erfolg, für das gemeinsame Gelingen stehen.

Bilder und Übertragungen können oftmals das Verständnis verstärken. Z. B. ein Blick in die Welt der Musik, in der es ein Motiv sowie das Frage und Antwortspiel als Hinführung zum großen Ganzen gibt, mag dieses Modell übertragend verdeutlichen.

Bleiben die Fragen des Alltags in Unternehmen und Organisationen. Wie führt die einzelne Führungskraft? Welche Führungskultur lebt sie? Wie ist das Unternehmen bzw. die Organisation aufgestellt? Welche Organisations- bzw.

Unternehmenskultur gibt es? Wie wird all dies im Alltag gelebt? Und wo sind Unterschiede zum genannten Modell, die es lohnt zu hinterfragen und anzupassen? Sind die Beteiligten – alle Beteiligten – bereit zu wirklicher „Klarheit, Wertschätzung, Motivation"? Jeder Weg beginnt mit dem ersten Schritt. Bei jedem Einzelnen selbst. Bei jedem persönlich. Und zunächst unabhängig vom Anderen.

Der Erste, der beginnt, lebt das Vorbild. Im Idealfall wird und ist „Klarheit, Wertschätzung, Motivation" dann von allen Beteiligten umgesetzt und getragen.

Führungsalltag, das Modell in der Praxis

4

Modelle sind nur dann gut, wenn sie in der Praxis auch gelebt werden können. Sie dienen dafür als Grundlage und Orientierung. Im Alltag sind sie dann im Einzelnen auszugestalten. Die folgenden Kapitel sollen dazu Anregungen geben.

Deshalb ist es als Führungskraft wesentlich, sich über seinen eigenen Führungsstil bewusst zu werden, klar zu werden, zu reflektieren und gegebenenfalls neu auszurichten. Eine Führung in Klarheit und Wertschätzung bedeutet im Alltag, jederzeit auf gute Abstimmung zu achten, sicherzustellen, dass alle das gleiche Verständnis haben, Mitarbeiter als Mensch ernst zu nehmen. In der optimalen Reinform bewirkt dies, dass sich ganz automatisch eine gemeinsame Ausrichtung herauskristallisiert. Dass Mitarbeiter nicht verunsichert werden. Im Gegenteil. Sie werden gestärkt und können sich entfalten.

4.1 Führung und Klarheit

Wo es früher klar war, man geht zur Arbeit, um Geld zu verdienen, und der Chef sagt, wo es lang geht, ist es dies heute nicht mehr. Menschen wollen sich selbst verwirklichen. Mitarbeiter haben individuelle Bedürfnisse und die ganze Welt ist mancherorts in einer Firma zusammengerückt. Die Dinge sind komplex geworden. Deshalb ist es erste Aufgabe für die Führungskraft, in dieser Komplexität Klarheit herzustellen. Denn jede Unklarheit erzeugt Reibungsverluste und hinterlässt einen mehr oder weniger großen Flurschaden. Nicht nur in der Situation, sondern auch in den Folgeaktionen.

© Springer Fachmedien Wiesbaden GmbH, ein Teil von Springer Nature 2019   13
G. Massini, *Klarheit und Wertschätzung in der Führung*, essentials,
https://doi.org/10.1007/978-3-658-23353-2_4

Führung ist deshalb zumindest und zuallererst Klarheit. Klarheit im Denken und Handeln, in den Emotionen, in der Sprache, in der eigenen Person, im Ziel, im Zuhören, im Integrieren, im Abwägen, im Entscheiden, im Umsehen, im Rückmelden, im Anmerken, im Anerkennen oder Motivieren, im Auswerten, im Korrigieren, im Abschließen, im Feiern, im Trauern, im neue Schritte Wagen, und so weiter. Aufgaben, Prozesse, Ziele und Änderungen brauchen Erklärungen und Klarheit. Wertschätzende Klarheit. Im Warum und Wozu. Um nicht die Motivation zu verlieren. So kann Aufgaben-, Ziel- und Änderungsmotivation greifen.

Wenn die Führungskraft selbst diese Klarheit nicht hat, gilt es zuallererst diese herzustellen. Sollte dies nicht möglich sein, ist auch in der Unklarheit Klarheit wichtig. Sprich, die Unklarheit offen zu benennen. Dann ist ein gemeinsamer Umgang mit dieser möglich.

Übrigens können auf Dauer nur so Gerüchte eingedämmt, und Gerüchteverbreiter entmachtet werden. Wenn alle sich auf Offenheit und Klarheit verlassen können. Und jeder weiß, was von wem gilt. Und jeder weiß, wer zu fragen ist, weil er es weiß. Wenn eben nicht gemutmaßt werden muss.

Ebenso können auf Dauer nur so Stänkerer und Besserwisser entmachtet werden: Da es offene gemeinsame Klärungsprozesse gibt, hat das Team die Möglichkeit, diese in die Schranken zu nehmen. Zugegeben braucht das Mut und Klarheit, nicht nur der Führung, sondern aller Beteiligten. Doch bei der Führung fängt es an.

Das heißt nicht, dass es keine Widersprüche geben darf. Diese sind ja eben hilfreich, um Klarheit herzustellen. Klärungsprozesse legen Widersprüchlichkeiten offen. Und auch wenn nicht alles berücksichtigt werden kann, wurde es doch betrachtet. Eine Führungskraft muss Widersprüchlichkeiten aushalten und zu einer Handlungslinie leiten können. Umso besser, je klarer sie die Widersprüchlichkeiten benennen und Gründe für eine Entscheidung offenlegen kann.

Beispiel? Zwei Experten raten der Führungskraft unterschiedliche Wege. Beide zu verfolgen würde die Ressourcen halbieren. Deshalb wird man sich für einen entscheiden. Nachdem alle Für und Wider auf dem Tisch liegen, ist es die Führungskraft, die in Wertschätzung beide Wege honoriert. Und sauber kommuniziert, warum die gemeinsam oder auch einzeln gefällte Entscheidung getroffen wurde. Widerspruch erlaubt? Ja natürlich! Jeder Widerspruch hilft, die getroffene Entscheidung noch mal auf die Kriterien hin abzuprüfen. Und zu schauen, welche Bedürfnisse Einzelner hinter einem Widerspruch stehen. Gelingt allen Beteiligten, diesen Prozess in gegenseitiger Wertschätzung zu führen, ohne persönliche Zerwürfnisse, dann kann er gelingen. Gelungene, klare und wertschätzende Kommunikation ist dabei sicher ein zentrales Element. Und die Sache stets von der Person getrennt zu halten. Letztendlich steht die Führungskraft nicht allein in der Verantwortung für die Entscheidung. Es sind alle Beteiligten. Da jeder zum einen das entsprechende Sachwissen beiträgt und zum anderen für einen guten Umgang miteinander sorgt.

4.2   Klarheit in der Kommunikation

Jeder Mensch hat eigene Prägungen und Erfahrungen, Positionen und Emotionen. Jeder hat Bedürfnisse und sieht die Welt und sich auf seine eigene Weise. Umso mehr wird jeder Mensch Gesagtes oder Gehörtes auf seine Weise bewerten. Wie kann das im Miteinander gut gehen? In dem jeder klar die Dinge benennt: seine Sicht, Argumente, Ängste, Emotionen, Bedürfnisse, usw. Bei allem was wir tun und sagen spielen neben der Sache immer auch Emotionen, Erfahrungen, Prägungen, Muster usw. mit. Friedemann Schulz von Thun legt hier mit seinem bekannten Nachrichtenquadrat, auch 4-Ohren-Modell genannt, die Spur (vgl. u. a. Fischer-Epe 2004, S. 91 ff.). Ein Empfänger hört die Botschaft bewusst und unbewusst auf 4 unterschiedliche Weisen (s. Abb. 4.1), als

- Sachinhalt
- Appell
- Beziehungsbotschaft
- Selbstoffenbarung

Im Zweifelsfall bedient die Führungskraft in der Senderfunktion deshalb alle vier Ohren mit klaren und motivierenden Botschaften und Erläuterungen. Und klärt, was beim Empfänger angekommen ist. Erst wenn in wichtigen Dingen zweifelsfreie Übereinstimmung zwischen Sender und Empfänger hergestellt ist, kann reibungsloses Miteinander gelingen. Wer führen will stellt deshalb sicher, dass sein Gegenüber ihn verstanden hat. Er fragt nach. Was nimmt der Botschaftsempfänger aus dem Gespräch mit? Was empfindet dieser? Wie geht dieser vor? Was fällt dem Empfänger als erster Punkt ein, wenn er nach dem Inhalt gefragt wird? Und kann der Sender diesen Rückmeldungen zunächst zuhören, ohne es zu werten? Daraus jedoch wieder in der Situation und dem Augenblick Rückmeldungen entwickeln, um Klarheit herzustellen? Gehen beide erst auseinander, wenn beide der Meinung sind, dass Klarheit geschaffen und da ist? Alles andere hätte Missverständnisse und Fehler bereits in sich vorprogrammiert.

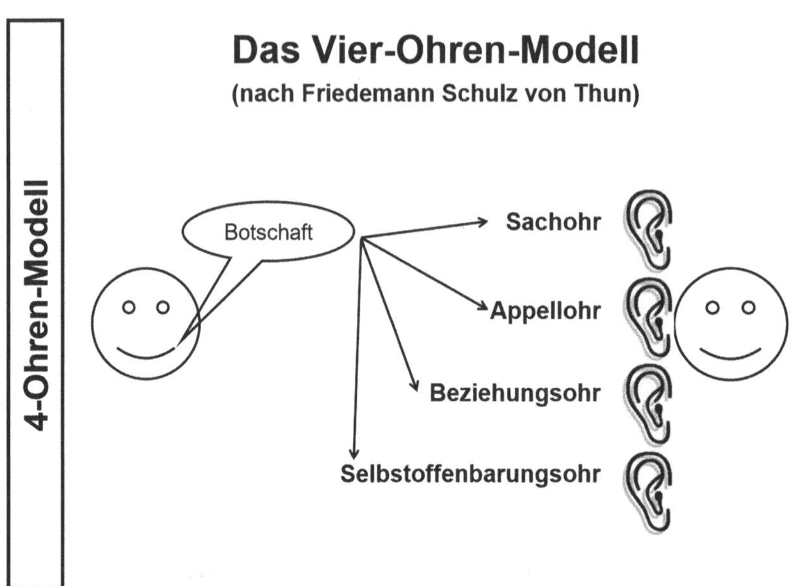

Abb. 4.1 Botschaftswahrnehmung mit vier unterschiedlichen Ohren. (Nach Friedemann Schulz von Thun)

Kommunikation in Klarheit wird sich zuerst am Sachohr des 4-Ohren-Modells ausrichten. Der Sender muss sicherstellen, dass die Botschaft dort ankommt. Jedoch wird er niemals die drei anderen Ohren vernachlässigen. Klarheit wird umso besser erreicht, je mehr die drei anderen Ohren die Hörweise des Sachohres unterstützen. Bei einem Menschen, bei dem nur eins der drei anderen Ohren eine gegenläufige Hörweise zur eigentlichen Sachbotschaft hat, wird die Kommunikation ihren Zweck nicht erreichen. Oder sie wird gar misslingen. Deshalb sind sowohl Sender wie Empfänger für die Klarheit verantwortlich. In Erklärung und Nachfrage. Die Führungskraft sollte dabei selbstverständlich und im eigenen Anliegen bei der Sicherstellung der Kommunikation vorausgehen. Dies gelingt durch stetes Nachfragen, was das Gegenüber gehört hat, wie es verstanden wurde, welche Emotionen damit verbunden sind, was für Gedanken sich auftun, wie etwas gemeint ist, usw. Wer in der Bergwelt unterwegs ist weiß, dass es sich lohnt, nicht nur die Höhen zu bezwingen – auch die Schluchten mit ihren Tiefen zu erkunden, hat seinen Reiz. Deshalb ist für eine klare Kommunikation immer das Gesamtbild der 4 Ohren maßgebend.

Klarheit in der Kommunikation und im gemeinsamen Verständnis ist die Grundlage alles Weiteren!

Vom Gedanken bis zur Routineverankerung der daraus gewollten Handlung im Unterbewusstsein ist es ein langer Weg. In Anlehnung an das Zitat des österreichischen Verhaltensforschers Konrad Lorenz, erweitert und ausgestaltet, heißt dies:

gedacht heißt noch nicht durchdacht
durchdacht heißt noch nicht gesagt
gesagt heißt noch nicht gehört
gehört heißt noch nicht zugehört
zugehört heißt noch nicht verstanden
verstanden heißt noch nicht einverstanden
einverstanden heißt noch nicht gewollt
gewollt heißt noch nicht umgesetzt oder ein erstes Mal getan
umgesetzt oder ein erstes Mal getan heißt noch nicht erreicht oder gelungen
erreicht oder gelungen heißt noch nicht beibehalten
beibehalten heißt noch nicht verinnerlicht und verankert

Und in allen Schritten, von der Idee bis zum Ziel, braucht es jedes Mal Klarheit, um den nächsten im Sinne und Geist des vorherigen weiterzuführen.

Ein weiterer Aspekt sei den Lernwissenschaften entnommen. Welcher Lernweg ist der effektivste? Auf was kann die Führungskraft achten, damit sie Neues effektiv beim Mitarbeiter verankern kann? Prozentzahlen verdeutlichen, wie viel ein Mitarbeiter bei welcher Kommunikationsform behält:

- 10 % von dem was gelesen wird,
- 20 % von dem was gehört wird,
- 30 % von dem was gesehen wird,
- 50 % von dem was gesehen und gehört wird,
- 70 % von dem was nacherzählt oder selbst erklärt wird,
- 90 % von dem was selbst getan wird – denn hierbei verwandelt sich eine Information in angewandtes Wissen.

Dazu kommt, dass es bei Menschen in der Bevorzugung eines Verstehens- und Lernweges unterschiedliche Wahrnehmungstypen gibt: Der auditive, der visuelle und der haptische. Je mehr der Sender dies berücksichtigt, umso leichter und schneller wird sich der Empfänger mit dem Verstehen und Umsetzen tun.

Kein Wunder also, dass so manche Anfrage per E-Mail keine nachhaltigen Ergebnisse liefert. Natürlich heißt dies nicht, ab heute auf das Kommunikationsinstrument E-Mail zu verzichten. Jedoch lohnt es sich zu überlegen, welche Anfragen, Informationen oder Bitten zukünftig auf welche Weise sinn- und wirkungsvoll kommuniziert werden, um auch wirklich das gewünschte Ziel zu erreichen.

Und eine klare Führungskraft steht zu ihren eigenen Fehlern. Ohne zu jammern oder sich zu rechtfertigen. Sondern so, wie sie es auch von den Mitarbeitern erwartet: im konstruktiven Umgang. Das heißt, Fehler zu benennen, Verantwortung zu übernehmen und klar zu sagen, wie man selbst damit umgeht, was für Konsequenzen man zieht. Wer von Mitarbeitern Ehrlichkeit, Offenheit, Verantwortung und gute Kommunikation erwartet, wird als Führungskraft hier Vorbild sein.

Übrigens: Klarheit in der Kommunikation heißt auch, Mitarbeiter als Menschen nicht im Unklaren zu lassen. In jeglicher Hinsicht. Egal ob Lob und Tadel, Veränderungen, Unsicherheiten, Gefährdungen. Nur wenn Mitarbeiter immer wissen, woran sie sind, werden sie letztlich zuverlässig und engagiert arbeiten können. Deshalb Rückmeldung geben. Die Führungskraft schildert, was sie wahrgenommen hat. Sie fragt nach, was der Hintergrund beim Mitarbeiter ist, lässt ihn seine Sicht schildern und gibt ihm die Möglichkeit, sich weiterzuentwickeln. Wertschätzende Rückmeldungen motivieren und geben Sicherheit. Motivierte und engagierte Mitarbeiter sind die Grundlage des Unternehmenserfolges!

4.3   Klarheit im Ziel

Ziele sind oft schwammig. Und auch auf den ersten Blick scheinbar klar definiertes hat in der Begrifflichkeit oft eine unterschiedliche Wahrnehmung oder Wertung. Je nach Erfahrungshintergrund oder Prägung der Person. Kern aller Aufgabenstellungen ist deshalb eine beidseitig klare und übereinstimmende Zieldefinition.

Ein probates Hilfsmittel zur Zieldefinition ist die smart-x^3-Methode (s. Abb. 4.2), als Weiterentwicklung des Modells von Doran (G.T. Doran 1981, in: Management Review, 70. Jg., Nr. 11, S. 35–36). Dabei stehen die einzelnen Buchstaben für Teile der konkreten Zieldefinition:

S für spezifisch: was genau will/soll erreicht werden?
M für messbar: welche Messgröße und welcher Messwert beschreibt die Zielerreichung?
A für attraktiv: was habe ich oder haben wir davon, wie fühlt sich die Zielerreichung an?
R für realistisch: ist das Ziel erreichbar? Und wie (erste Idee)?
T für terminiert: bis wann? Zwischenschritte?

X^3 steht für 3 zentrale Werte aus unserer gesellschaftlichen Wertewelt, an denen wir als Menschen und in unserer Gesellschaft gut tun, uns zu orientieren:

X^3 für ökologisch, ökonomisch und sozial

Inwieweit dient das Ziel diesen Werten? Jedes Ziel, das diesen 3 Werten nicht standhält, sollte uns fraglich erscheinen. Deshalb lohnt es sich hinzuschauen: Wie weit beeinflusst das Ziel diese Werte? Und wie verträglich ist es mit ihnen?

Ziele, Regeln und Randbedingungen brauchen Erklärung. Klarheit. Nur so können sie von den Beteiligten nachvollzogen, akzeptiert und umgesetzt werden. Dafür ist die anfangs investierte Zeit am effizientesten. Alles was später erst klar wird, hat bis dahin Unsicherheit, Verzögerungen und schlimmstenfalls Fehler verursacht. Deswegen lohnt sich die Investition, am Anfang Zeit in Klärung zu stecken. Die Ernte ist die zügigere und reibungslosere Abwicklung und Zielerreichung.

Abb. 4.2   Ziele mit SMART-X^3 klar und wertschätzend beschreiben

Zieldefinitionen dienen übrigens dazu, das Wohin, das Warum und das Wozu zu klären. Und demjenigen, der das Ziel erreichen soll, den Weg dahin zu überlassen. So werden individuelle Handlungskompetenz, Entfaltungsmöglichkeit, Verantwortungsbewusstsein und Motivation ermöglicht. Das heißt, die Führungskraft legt mit dem Mitarbeiter ein Ziel fest. Wie und auf welchem Weg dieses Ziel nun erreicht wird, ist dem Mitarbeiter überlassen. Ist man als Führungskraft mit der absoluten Gestaltungsfreiheit nicht einverstanden, sind weitere Randbedingungen klar zu benennen. Zu beachten ist dabei jedoch die Motivationsfrage und die Eigenverantwortung. Wer als Mitarbeiter alles nur vorgegeben bekommt, wird weder motiviert noch eigenverantwortlich handeln. Geschweige denn eine solche Einstellung ausprägen. Und viele Führungskräfte sind auf der anderen Seite auch Mitarbeiter …

Ist der Führungskraft im Ausnahmefall ein bestimmter Weg zum Ziel wichtig, gilt auch hier: Klarheit. Den Sinn erklären, dabei zuhören und nochmals offen sein für andere Positionen, abwägen und die Entscheidung dann begründet benennen. In diesem Fall braucht es dann das zusätzliche Engagement der Führungskraft, auf die Umsetzung Wert zu legen und diese wertschätzend zurückzumelden.

4.4 Klarheit bei verschiedenen Typen Mensch

Es gibt zig Persönlichkeitstests und -einordnungen. Egal welcher und welche genutzt wird. Alle zeigen, dass jeder Mensch eine individuelle Ausprägung hat. Sei es z. B. im sozialen, kreativen, direktiven, strukturierten, in- oder extrovertierten, traditionellen oder innovativen, oder jedwedem anderen Anteil seiner Persönlichkeit. Sie zeigen: Jeder Mensch hat seine eigenen Muster, Prägungen, Verständnis- und Verhaltensweisen. Wenn diese den Beteiligten bewusst sind, dann lässt sich einfacher miteinander umgehen. Aktionen und Reaktionen sind besser einzuordnen. Und die Vielfalt belebt und bereichert jede Mannschaft. Sie bürgt dafür, dass alle Blickwinkel berücksichtigt sind, und dass jede Begabung optimal eingesetzt werden kann.

Somit ist logischerweise gelungene Führung individuell. Einzelne Führungsschulen und Führungsstile stoßen in der Generalität demnach immer an Grenzen. Es ist z. B. nicht die Frage, ob lange oder kurze Leine DIE richtige Mitarbeiterführung ist. Sondern es ist die Frage, was ist für diesen Mitarbeiter, diesen Menschen und seine Persönlichkeit, in diesem Fall und in der jeweiligen Situation das richtige Führungsinstrument. Zum Beispiel: Welches Vertrauen braucht und verträgt dieser

Mitarbeiter bei der jeweiligen Herausforderung? Oder wie viel Kontrolle mit welchem entsprechenden Rhythmus? Was an Wertschätzung, Lob oder Anschub?

Gute Führungskräfte nutzen Unterschiedlichkeiten ihrer Mitarbeiter als Chance und Kreativitätsschub. So kommen verschiedene Blickwinkel und Möglichkeiten zum Tragen für ausgereifte Lösungen. Jeder Mensch ist anders. Und Führung ist die Kunst, diesem Umstand gerecht zu werden, um die bestmöglichen Randbedingungen zu schaffen. Sodass jeder Mitarbeiter seine Möglichkeiten, Ressourcen und Handlungspotenziale bestmöglich ausschöpfen und einbringen kann. Die Welt und ihre Menschen sind bunt.

Doch jeder Mensch bringt auch seine Bedürfnisse mit. Kennt die Führungskraft die Urbedürfnisse ihrer Mitarbeiter? Die erfüllt sein wollen, damit es ihnen als Person gut geht, sie Freude haben und sie sich letztendlich optimal einbringen können – zu beiderseitigem Nutzen?

Menschen sind Beziehungswesen und keine Maschinen. Sie haben keinen Start/Stopp-Schalter und/oder definiert getakteten Ablauf. Und schon Maschinen brauchen Anfangsaufwand, um das gewünschte Ergebnis zu erreichen. Umso mehr Menschen. Klarheit beinhaltet Klärung – keine Order. Damit kommen die Ansätze aus den vorherigen Abschnitten über Kommunikation und Ziele zum Tragen. Klarheit braucht zudem Sensibilität und Empathie. Eben weil Menschen Beziehungswesen sind. Ansonsten demotiviert bzw. schlimmstenfalls verliert man die Menschen … verliert eine zur Order verkommene Klärung die Menschen.

Im Sinne der Klarheit spricht auch die Führungskraft selbst über ihre eigenen Erwartungen und Befindlichkeiten. Hört die des Gegenübers. Berücksichtigt die des Umfeldes. Das System Führungskraft-Mitarbeiter ist geprägt von Individualität, Umfeld und gegenseitiger Beziehung.

Denn Klarheit gilt für beide Seiten und in jeder Hinsicht. Ein Mitarbeiter soll wissen, was von ihm erwartet wird, und dass er es mit seinen Möglichkeiten schaffen kann. Jeder Leistungsträger soll wissen, was die Führungskraft an ihm schätzt. Und auch die Führungskraft darf klare und offene Rückmeldungen erwarten. Nur so kann sie die Mitarbeiterbelange berücksichtigen und die Ziele optimal erreichen.

Ein Mitarbeiter, der nicht weiß woran er bei seinem Vorgesetzten ist, wird auf Dauer entweder krank oder hängt innerlich ab. Krank, weil er aus lauter Angst leistet und leistet. Abhängt, weil es eh egal ist, was er tut. In welche Richtung das geht, hängt vom Typ des Mitarbeiters ab.

Doch was tun, wenn Menschen in hoffnungsloser Selbstüberschätzung leben? Auch dann klar sein. Die gute Führungskraft gibt diesen Mitarbeitern die Möglichkeit, Eigen- und Fremdwahrnehmung gegenüber zu stellen. Behutsam. Sie zeigt ihnen, was sie wirklich erwartet und warum ihr das so wichtig ist.

Die Welt in Mitteleuropa ist heute anders, als dass die Menschen einfach das tun, was ihnen aufgegeben wird. Menschen hinterfragen. Sie wollen Sinn sehen. Sie wollen wertgeschätzt sein. Ihr Beitrag soll Ihnen Erfüllung geben. Menschen wollen Freude im Beruf haben. Denn dafür ist der Anteil Zeit, der darin steckt, groß genug. Und nicht zuletzt ist es Freude, die uns auch gesund hält. Speziell das herzliche Lachen. Leider ist uns Erwachsenen gerade das oft verloren gegangen. Wie schade. Erleichtert doch gemeinsame und echte Freude das Miteinander und die Arbeit. Lässt das Lachen uns die Zeit und Mühe vergessen und macht den Alltag lebendig und liebenswert.

Zugegeben. Der Überblick für und die Herausforderung an die Führungskraft ist damit mehr als komplex. Menschen sind individuell. Sie wollen individuell geführt werden. Und jede Situation ist irgendwie anders. Somit ist eine individualistische und situative Führung gefragt und gefordert. Führung, die den Menschen sowie unserer bunten und globalen Welt gleichwohl wie den unternehmerischen Erfordernissen gerecht wird. Lebenswert.

4.5   Klarheit in Situation

Gelungene Führung ist nicht nur individuell und dem Typ Mensch gerecht, sondern gelungene Führung ist auch situativ der jeweiligen Situation angepasst. Denn nicht nur unterschiedliche Menschen, auch unterschiedliche Situationen brauchen eine ihnen gerechte Führung. Immer mit Sinn und Orientierung.

Beispiele gefällig?

Wenn es brennt, ist es wenig zielführend, lange zu diskutieren, abzuwägen oder allen Befindlichkeiten gerecht werden zu wollen. Hier sind rasches Handeln, Klarheit, geübte Abläufe und eine eingespielte Mannschaft erforderlich. Order! Einer hat das Kommando.

Doch andererseits in einem Entwicklungsprojekt, wenn vieles noch unbekannt oder unklar ist, gilt die gemeinsame geduldige Suche und Findung. Abwägen, verwerfen und weitergehen. Jeder Aspekt kann hilfreich sein. Sowohl in der Breite als auch in der Tiefe. Die Verschiedenheit aller als Gewinn zur Lösungsfindung. Und trotzdem Klarheit im Ziel, den Randbedingungen, dem Prozess des Tuns und im wertschätzenden Miteinander der Beteiligten.

Für die Klarheit in Situationen, Themen und Abläufen hilft bei der Umsetzung im Unternehmen folgender Prozess:

1. Situation/Thema tritt auf – umfassend Grundlagen und Umstände erarbeiten, Wissensträger zuziehen, unterschiedlichste Blickwinkel nutzen, usw.
2. Klarheit schaffen – eindeutig, begründet, nachvollziehbar
3. Beteiligte unterweisen – in Stufen: alle Vorgesetzten und alle Mitarbeiter
4. Umsetzen – dem Reden Taten folgen lassen
5. Abweichung checken – erkennen und eingreifen
6. Konsequenz prüfen – bei negativer Abweichung direkte Konsequenz, möglichst in der Situation oder direkt anschließend
7. Infosammelstelle – Qualitätssicherung durch zentrale Bündelung aller Beobachtungen und Erfahrungen
8. Korrekturmaßnahmen – nach Analyse, Zielüberprüfung und Ausrichtung
9. Info und Unterweisung – an alle in Klarheit
10. Korrigiertes Umsetzen – als kontinuierlicher Verbesserungsprozess

Negative Abweichungen, die nicht klar analysiert und gegebenenfalls korrigiert werden, führen zu schlechteren Ergebnissen und können demotivieren. Sie sind wie schleichendes Gift für Sache und Mensch.

Genauso gilt, Gelungenes zu reflektieren, sodass es bewusst und begründet wiederholbar wird.

Dabei sind Rückmeldungen, das sogenannte Feedback, direkt im Zusammenhang zu geben. Nur zeitnah ist es für die Betroffenen direkt im Bezug zum Geschehenen einzuordnen. Trotzdem sind selbstverständlich individuelle Schutzräume und Gruppendynamiken zu beachten. Wichtig ist, vor allem bei kritischen Rückmeldungen, Sache und Person zu trennen, das Warum und Wozu (Hintergründe und Ziele) zu erklären, nicht verklausuliert zu sprechen, sondern klar und wertschätzend. Die Beteiligten sollen die Rückmeldungen ja annehmen und gut umsetzen können.

Führungskräfte sind ständig bezüglich der jeweiligen Menschen und Situationen gefordert: zuhören, locken, dem Selbstverliebten Grenzen setzen, dem Chiller Schub verleihen, usw.

Für alle Situationen gilt: Handlungsfreiheiten brauchen Vertrauen und Verantwortungsbewusstsein auf allen Seiten. Dies erfordert Achtsamkeit, Bewusstsein und Reflexionsvermögen.

In jeder Situation hilft es, klar zu regeln, wer für was, warum und wozu, in welchem Umfang, in welcher Qualität und wann zuständig ist. Das heißt nicht, als Führungskraft alles vorzugeben. Das heißt jedoch, der Situation entsprechende klare Ziele zu benennen und Randbedingungen zu schaffen, in denen sich jeder Einzelne entfalten und jeder seine Verantwortung leben kann. Und so das Gemeinsame gelingt.

4.6   Klarheit im Handeln

Als Führungskraft ist man gewohnt, Aufgaben zu erhalten und weiterzugeben. Und schon beginnt die Abarbeitung der Aufgabe, oder? Der Bearbeiter stürzt sich mehr oder weniger in die Aufgabe, denn Zeit ist Geld. Doch wie oft sind dann Irrwege, Umleitungen, Abbrüche oder „Zurück auf Los"-Situationen vorprogrammiert. Klarheit im Handeln? Dazu gehört mehr als die Aufgabe selbst.

Um Klarheit im Handeln herzustellen, sind entsprechend der bisherigen Ausführungen über Kommunikation, Ziel, Typ Mensch und Situation z. B. folgende Fragen sinnig:

- Hat der Auftragnehmer verstanden, um was es dem Auftraggeber wirklich geht?
- Sind Klärungs- und Absprachepunkte vereinbart?
- Sind die eigentliche Aufgabe, das Ziel und die Randbedingungen wirklich klar?
- Hält das Ziel den eigenen Werten Stand?
- Ist der gewählte Mitarbeiter als Auftragnehmer geeignet, sprich der richtige?
- Hat der Auftragnehmer die Fähigkeiten, Ressourcen und Potenziale, die Aufgabe zu erledigen?
- Ist die Bearbeitungssituation mit den Handlungsspielräumen und Kompetenzen sowie Pflichten und Verantwortlichkeiten wirklich geklärt?
- Ist die Motivation klar?

Diese Fragen lohnen sich im Sinne der Klarheit unbedingt. Denn so kann unter dem Strich Zeit und Geld eingespart, sowie sinnlose Arbeit vermieden werden. Und Mitarbeiter müssen nicht rätseln oder werden für Auftragsunklarheiten womöglich noch unverschuldet gerügt, sondern sehen den Erfolg. Das motiviert!

4.7   Klarheit in Leistung

Mitarbeiter bringen sich ein. Mit ihrer Arbeitsleistung. Und werden dafür bezahlt. Das ist zwar der kleinste Nenner, doch den vorigen Ausführungen geschuldet zu kurz gesprungen. Denn Menschen wollen sich selbst verwirklichen.

Auf Basis der vorhergehenden Abschnitte ist leicht nachzuvollziehen, dass Leistung klare und wertschätzende Reflexion braucht. Dies hilft dem Mitarbeiter, seine Leistung, seinen Beitrag und sich selbst einzuordnen. Und sich bestenfalls wohl zu fühlen und bestmöglich einzubringen.

Das gilt für gute Leistung genauso wie für verbesserungswürdige.

Mitarbeiter (und nicht nur die, die den Tick mehr machen) leben aus der Rückmeldung: „das war gut bzw. prima, weil…". Und das „Weil" ermöglicht ihnen dabei, es einzuordnen und nutzbringend zu wiederholen.

Und auch bei verbesserungswürdiger Leistung hilft das „Weil". Immer dann, wenn Menschen das Warum und Wozu kennen, entsteht Sinn und Motivation.

Doch was ist, wenn einer wirklich nicht „performt"? Auch dann geht es mit wertschätzender Klarheit. Im Benennen wozu man ihn braucht. Im ehrlichen Hinterfragen was los ist, was ihn blockiert oder hemmt. Mit echtem Interesse und Anteil am Menschen und was ihn bewegt.

Im Extremfall, wenn es denn wirklich nicht funktioniert, dann ist auch hier Klarheit gefordert. Auch wenn es schmerzt. Manchmal ist eine klare Trennung besser als ein weiteres Ertragen. Denn dieses Ertragen ist ja nicht isoliert für sich, sondern vergiftet das Umfeld. Zugegeben, dies ist ein bitterer Abschnitt, jedoch notwendig. Dazu gehört Mut und Weisheit, Einfühlungsvermögen und Glaubwürdigkeit. Gerade im Sinn und Blick auf die Arbeits- und Teamhygiene, auf die Fairness gegenüber den Kollegen und bezüglich der Fürsorgepflicht des Vorgesetzten. Menschen die stets auf Kosten Anderer leben, Menschen die sich illoyal verhalten oder die Grundwerte eines Unternehmens missachten, Menschen die sich grundsätzlich verweigern, rauben sich selbst die Grundlage und machen eine Trennung unabwendbar.

Bitte nicht verwechseln: Es ist kein Thema, wenn jemand eine andere Meinung hat oder widerspricht. Im Gegenteil. Dies ist ja um der Vielfalt und Lösungsfindungskompetenz gewünscht. Jedoch in gegenseitiger Klarheit und Wertschätzung. Denn am Ende ist eine Firma umso erfolgreicher und damit auch für jeden Mitarbeiter motivierender, wenn Respekt, Achtung, Wertschätzung, Klarheit und gemeinsame Ziele eine förderliche Arbeitsatmosphäre und ein achtsames Miteinander ermöglichen. Und so Menschen zu Leistung beflügelt.

Noch ein weiterer Aspekt: Leistung basiert auf Orientierung und Sicherheit. Unsicherheit schränkt Mitarbeiter in der Leistungsfähigkeit ein. Orientierungslosigkeit verunsichert. Führungskräfte achten deshalb darauf, Mitarbeitern Orientierung, Sicherheit und Zugehörigkeit zu geben. Vor allem auch Klarheit bezüglich der Sicherheit des Mitarbeiters selbst, unter Berücksichtigung von dessen Bedürfnissen und Ängsten. Dies erfordert Achtsamkeit, Aufmerksamkeit, Empathie, Augenhöhe, Wertschätzung, Ehrlichkeit und vieles mehr. Damit gute Leistung möglich wird.

4.8 Klarheit im offenen Feld – Chaos und Kreativität „erlaubt"!

Orientierungslosigkeit verunsichert die Menschen. Deshalb geben Führungskräfte Orientierung, Sicherheit und Zugehörigkeit. Dazu sind Glaubwürdigkeit und Verlässlichkeit wohl wichtige Eigenschaften der Führungskraft. Eine einfache Regel dabei ist: tue was du sagst. Überheblichkeit, elitäres Gehabe oder Statusdenken der Führungskräfte schaden im Vertrauensverhältnis zu den Mitarbeitern. Auch Führungskräfte dürfen zu ihren Fehlern und Klärungen stehen.

So auch in Fällen, wo eben nicht alles klar ist. Hier als offenes Feld benannt. Es liegt in der Natur, dass auch für Führungskräfte nicht alle Fakten, Situationen oder Bewertungen von vornherein klar sind. In diesen Fällen ist es ja entscheidend, dass sich die Führungskraft ein umfassendes Bild macht, das Für und Wider abwägen kann, um eine ausgewogene Entscheidung zu treffen.

Deshalb: Etwas nicht klar? Unklare Situationen? Unklare Projektziele? Lösungen noch nicht greifbar, da erst noch Versuche stattfinden müssen? Unklare Richtung oder Zusammenhänge? Dann auch hier klar sein! Unklarheiten zugestehen und formulieren – Klarheit suchen oder testen und herbeiführen. Und Versuche als solche kommunizieren. Es ist wichtig, diese Situationen zu erkennen, anzusprechen und anzugehen. Das Suchen zu definieren und kommunizieren. Auch das setzt Kräfte frei. Führungskräfte werden dabei schnell merken, wer ihre Projekte unterstützt und wer sie torpediert.

Das braucht Übung. Für die Führungskräfte wie für die Mitarbeiter. Nicht jeder kann sofort mit Klarheit umgehen. Und trotzdem ist sie langfristig alternativlos.

Führungskräfte nutzen immer die Chance, ihr Tun zu begründen, Klarheit herzustellen und den Sinn zu vermitteln. Sie vergessen dabei auch nicht die Gelegenheit, dass Andere einen noch besseren Gedanken dazu haben könnten.

Und Klarheit hilft Sinn zu finden. Denn: Menschen brauchen Sinn! Klarheit und Sinn zu finden, gezielt zu suchen und herbeizuführen, ist grundlegend für alle Motivation.

Im offenen Umgang mit Klärungsphasen kann Kreativität und Chaos gezielt zur Lösungsfindung beitragen. Wenn dies achtsam, rücksichtsvoll und wertschätzend erfolgt. Dann muss dies nicht mehr im Untergrund stattfinden, wo es üblicherweise erheblichen Flurschaden anrichtet. So ist Klarheit auch in der Unklarheit probates Mittel und unabdingbar.

Als Beispiel: Eine Führungskraft ist sich beim nächsten Projekt nicht sicher, welcher Weg der bessere ist. Statt nun einen x-beliebigen zu nehmen, die Mannschaft im Unklaren zu lassen, abzuwarten und Doppelarbeit oder gar Fehler in

Kauf zu nehmen: Die gute Führungskraft thematisiert genau diese Unsicherheit in aller Klarheit. Diskutiert sie. Zeigt die Risiken und die Chancen auf. Fordert Meinungen ein. Hört zu. Signalisiert allen Beteiligten, dass sie die eingebrachten Argumente hört und ernst nimmt. Und entscheidet dann. Jede Entscheidung in Klarheit ist besser als ein Hängen im Schacht. Nebeneffekt: die Mannschaft kennt die Unsicherheit, Hintergründe und Zusammenhänge und wird sich bei Abweichungen sensibler zeigen und melden. Am Ende macht eine Nachbetrachtung Sinn. Sie eröffnet die Chance zu lernen. Im Gelingen den Zweiflern zu sagen: Es war gut. Oder im Scheitern zu begreifen, zunächst nicht beachtete Punkte aufzunehmen, anders zu werten und beim nächsten Mal den anderen Weg zu versuchen.

Zur eigenen Klarheit ist unbedingt erforderlich, sich vorzubereiten, sich selber klar zu werden, die Rahmenbedingungen zu kennen und die Ziele zu sehen. Nur wenn man selbst von einer Aufgabe überzeugt ist, kann man auch andere überzeugen und für sich gewinnen. Eine Führungskraft nutzt dabei immer auch die Inputs der Mannschaft. Jeder Input, ob Einwand oder Bekräftigung, hilft den Weg zu prüfen und zu festigen bzw. abzukürzen. Schon zu Beginn die Hintergründe, Strategien und Ziele zu vermitteln hilft einerseits, diese zu hinterfragen, zu untermauern und zu schärfen. Andererseits gibt dies den Beteiligten Sinn und Motivation. Zur Klarheit gehört neben dem Ziel, die Spielregeln, Randbedingungen und Erwartungen festzulegen. Zu beachten ist hier, dass sie die Freiräume der Mitarbeiter erhalten. Nur so wird Motivation, Verantwortungsübernahme und Entwicklung beim einzelnen Mitarbeiter möglich.

Und wenn der Führungskraft selbst die Klarheit für übergeordnete Ziele fehlen sollte? Dann fordert sie diese ein. Jede Führungskraft ist in der Regel auch selbst Mitarbeiter und hat ebenfalls das Bedürfnis nach Klarheit und Sinn.

4.9 Klarheit in der Auslastungssteuerung, Puffermethode

Wie oft erlebt der Arbeitsalltag Überlastungen aus jedweden Gründen. Fehlplanung, Unerwartetes, Ausfälle, Auftragsflut, usw. Meist sind das keine Ausnahmen, sondern in vielen Fällen die Regel. Dies geht an die Substanz aller Beteiligten. Frust ist das Geringste dabei. Gesundheitliche Folgen bei den Menschen und Kundenreklamationen schon bedeutender. Beides führt in den Teufelskreis weiterer Überlastungen.

Deshalb ist auch in der Auslastungssteuerung Klarheit oberste Priorität. Helfen kann dabei die Puffertechnik PAZ (s. Abb. 4.3). Sie hilft, mit Änderungen

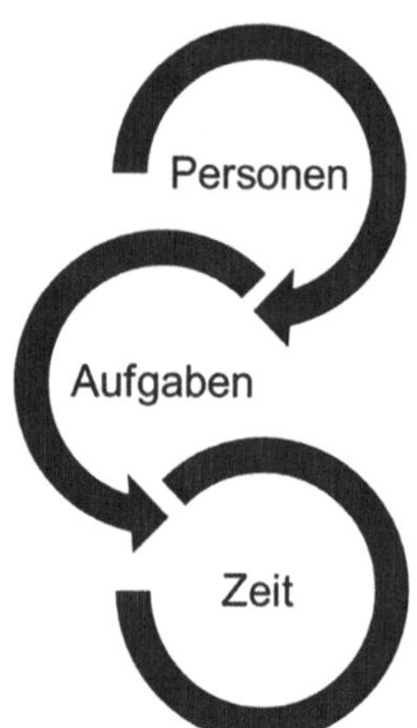

Puffer-Technik PAZ – Puffer für Personen, Aufgaben und Zeit:
• gezielt Puffer aufbauen und planen
• persönlich und übergreifend
• es beginnt beim Verständnis für den Prozess!
• verplant/frei = 80/20 – 60/40 – je höher im Organisationsgrad,
                                          umso mehr Freiräume einplanen

Abb. 4.3 Auslastungssteuerung und Umgang mit Änderungen anhand des PAZ-Modells

umzugehen und handlungsfähig zu bleiben. Wie? Die 3 Buchstaben stehen für Personen, Aufgaben & Zeit. In allen 3 Bereichen gezielt Puffer zu planen bzw. vorzuhalten hilft, mit zeitweise oder plötzlich auftretenden Überlastungen und Änderungen umzugehen.

Gezielt und klar Puffer zu planen, aufzubauen und zu kommunizieren erfolgt persönlich sowie übergreifend im Team. Je höher eine Person oder Aktion im Organisationsgrad steht, umso mehr Puffer bzw. Freiräume sind einzuplanen. Puffer und Freiräume sollten zwischen 20 und 40 % liegen. Und die Puffertechnik beginnt beim Verständnis für den jeweiligen Prozess bzw. das jeweilige Projekt. Deshalb helfen bestimmte Leitfragen, die Puffertechnik gezielt in den 3 Bereichen zu nutzen:

• Personen – wer kann im Zweifelsfall für wen einspringen?
• Aufgaben – welche sind flexibel einsetzbar/nutzbar?
• Zeit – wo sind Reserven, was könnte verdichtet werden?

Führungskräfte sollten sich sehr klar sein, dass Personen ausfallen können. Was hieße so ein Ausfall für die laufende Arbeit, für das Projekt? Verantwortungsvolle Führungskräfte wissen um dies und achten auf Ersatzoptionen. Schlüsselfunktionen müssen zumindest ein Stück weit unabhängig von Einzelpersonen sein! Doch was ist, wenn man nur einen Experten hat? Oftmals ist das die Ausrede, um nicht weiterdenken zu müssen oder es als eine „das ist halt so"-Situation darzustellen. Doch jeder Mensch kann ausfallen. Sei es zeitweise durch Krankheit oder gar dauernd wegen Kündigung oder Tod. Ist dann jemand da, der einspringen kann? Oder ist das Wissen mit dem Experten weg? Wie ist hier die Redundanzfrage? In kritischen technischen Systemen ist dies klar vorgeschrieben. Doch bei Menschen? Und gerade Menschen sind es ja, die Unternehmen erfolgreich machen.

Aufgaben: Entsprechend dem Eisenhower-Prinzip (benannt nach dem ehemaligen US-Präsidenten Dwight D. Eisenhower) gibt es 4 unterschiedliche Aufgabentypen, kombiniert aus den Dimensionen Wichtigkeit und Dringlichkeit:

- wichtig und dringend
- wichtig, aber nicht dringend
- dringend, aber nicht wichtig
- weder wichtig noch dringend

Einerseits also wichtige und dringende Aufgaben, die prioritär zu handhaben sind. Andererseits nur dringende, die eventuell delegiert, oder nur wichtige, die terminiert werden können. Mithilfe solcher Unterscheidungssysteme können Aufgaben gestaffelt geplant werden. Und zwar indem z. B. nicht dringende Aufgaben auf „on hold" gelegt und immer dann hervorgeholt werden, wenn Freiräume auftreten. So werden Aufgaben aktiv gesteuert, aus reagieren wird agieren.

Bei Kostenkalkulationen gibt es sinnigerweise immer eine Position Unvorhergesehenes oder die Angabe einer Schätzgenauigkeit. Genau so ist dies auch bei der Zeitplanung sinnvoll. Beachtet man zudem den kritischen Pfad im Terminplan, also zwangsweise aufeinander aufbauende Schritte, ist es gerade hier entscheidend, terminliche Risikopuffer zu beachten. Würde bereits im ersten Schritt, der Voraussetzung für Weiteres ist, eine Verzögerung auftreten, würde sich dies bis zum Ende durchziehen. Falls keine Kompensationsmöglichkeiten da sind.

Planungszeit ist gut investierte Zeit. Je früher Eventualitäten bedacht und Fehler aufgedeckt werden, desto einfacher und günstiger sind die Korrekturen. Deshalb sind alle Fragen, Einwendungen und Bedenken am Anfang besonders hilfreich. Denn sie helfen zu Beginn möglichst viel zu berücksichtigen, zu durchdenken und Überraschungen zu minimieren. Bewusst ein Puffersystem zu etablieren erlaubt, auch bei zeitweise oder plötzlich auftretenden Überlastungen und Änderungen, klar und zielführend agieren zu können.

Wie ist das nun mit der Führungskraft selbst? Hat sie für sich in Eigenverantwortung eine persönliche Auslastungsplanung, Aufgabenverwaltung und Vertretungsoption? Kann sie dies für sich selbst gestalten und vorleben? Und es daraus als Vorbild einführen und einfordern?

Doch wenn die Führungskraft bei dieser Puffertechnik oder anderen Fragen selbst nicht weiterkommt? Weil sie selbst die Freiheiten nicht hat (aufgrund Lösungsleere oder Kompetenzüberschreitung)? Dafür gibt es nur eine klare Antwort: Nach oben benennen! Diese Dinge bei der übergeordneten Ebene vorbringen. Auch wenn sie nicht gefallen. Natürlich in Klarheit mit lösungsorientierten Überlegungen, Risikoabwägungen und Vorschlägen. Denn nur dann können Entscheidungsträger gute und klare Entscheidungen treffen (Aufwand gegen Risiko). Riskant-kritische Systeme brauchen Puffer und Redundanzen.

4.10 Führung und Wertschätzung, Werte

In der Führung ist Wertschätzung unabdingbar. Sie macht Führung menschlich, annehmbar und motivierend. Denn Klarheit alleine, ohne Wertschätzung, ist kalt. Und die bisherigen Ausführungen hätten keinen Wert. Deshalb braucht Führung Klarheit UND Wertschätzung. Nur Klarheit in Verbindung mit Wertschätzung erzeugt nachhaltig motivierende Führung. Wenn die geschilderte Klarheit in Verbindung mit Wertschätzung auftritt, gewinnt sie den Menschen. Übrigens umso mehr in schwierigen Situationen.

Wertschätzung hat mit Werten zu tun. Darauf basiert und damit wirkt sie. Deshalb ist die Wertewelt des Einzelnen entscheidend für die Wechselwirkung der Wertschätzung. Um Wertewelten zu verstehen, sei in 3 übergeordnete Werte-Kategorien unterschieden:

- Ethische Werte, in der Regel gesellschaftlich und/oder religiös definiert
- Ideelle, persönliche und emotionale Werte, in der Regel aus individuellen Prägungen
- Materielle Werte, in der Regel sozialisierungsbedingt

Für die Wertschätzung der Person an sich, sind dabei emotionale Werte unbedingt und immer zu beachten. Die Person zu wertschätzen ist entscheidend, auch und gerade dann, wenn deren Verhalten zu kritisieren ist.

Eine Wertschätzung wird dann als solche empfunden und kann nachhaltig wirken, wenn sie vom Empfänger als glaubwürdig empfunden wird und mit dessen Wertewelt korreliert.

4.11 Wertschätzung auf Augenhöhe

Bei der Wertschätzung auf Augenhöhe sind alle 3 Werte-Kategorien relevant. Werte prägen und bestimmen das Denken und Handeln, Empfinden und Verhalten. Wenn nun Wertschätzung ein Thema sein soll, ist es notwendig, neben der eigenen Wertewelt, die Wertewelt des Gegenübers bzw. des Empfängers der Wertschätzung zu kennen und zu beachten. Welche materiellen Werte bedeuten ihm etwas? Welche ideellen, emotionalen und persönlichen Lebenswerte prägen seinen Alltag? Auf welchen ethischen Werten basiert sein Menschsein und Handeln? Wenn der Empfänger die vom Sender als gut gemeinte Wertschätzung nicht als solche empfindet, ist sie nichts wert. Wertschätzung wird als solche vom Empfänger erlebt und eingeordnet.

Und da Wertschätzung nun sowohl mit den Werten als auch der Einordnung durch den Empfänger zu tun hat: Wie soll Wertschätzung funktionieren, wenn nicht auf Augenhöhe?

Sobald ein Gefälle von unten nach oben oder von oben nach unten emotional spürbar ist, ist Wertschätzung nicht mehr vollständig. Denn dann wird immer eine Macht- oder Abhängigkeitsemotion im Raum stehen.

Zugegeben ist das schwer. Denn Vorgesetzte haben nun mal eine gewisse Leitungsfunktion und disziplinarische Verantwortung. Die Herausforderung ist nun, diese Leitungstätigkeit vom eigenen Verhalten als Person und Mensch zu trennen. Sodass eben Hierarchie nur als Organigramm und Funktion dient. Und Menschen sich als Menschen begegnen. Kein Vorgesetzter ist als Mensch wertvoller als sein Mitarbeiter. Die Würde eines jedes Menschen hat nichts mit seiner jeweiligen Aufgabe zu tun.

Wer als Vorgesetzter auf Statussymbole, Vorrechte und Machtsymbole setzt, wird nie Wertschätzung auf Augenhöhe mit den Mitarbeitern leben können.

Dazu kommt das Erleben des Kommunikationsgeschehens zwischen 2 Menschen selbst. Ist dieses wertschätzend und auf Augenhöhe? Ein solches ist dem jeweiligen Menschen stets zugewandt. Einschließend. Es basiert auf Zuhören und Nachfragen, Offenheit und Ehrlichkeit. Störendes oder Ablenkendes bleibt konsequent beiseite.

Wertschätzung, wie bereits im Modell ausgeführt, beruht gleichwohl auf der Art und Weise, wie sie sich ausdrückt in Vorbild, Anerkennung und Vertrauen. Und darauf, dass Menschen gesehen, ja wohlwollend gesehen werden. Dass der

Einzelne sein „gesehen werden" für sich wahrnimmt und erlebt. Dass er weiß, dass er als Mensch und seine Arbeit wertgeschätzt wird.

Wertschätzung ist der Nährboden für gesunde Motivation.

Motivation ist Folge von Klarheit und Wertschätzung!

Augenhöhe ist dann möglich, wenn die Führungskraft als Mensch den Mitarbeitern begegnet. Wenn sie ihre Vorbildfunktion wahrnimmt, im täglichen Miteinander regelmäßig und begründet Anerkennung gibt sowie auf die gegenseitige Vertrauensbasis achtet. Vertrauen entsteht mit Glaubwürdigkeit, Zuverlässigkeit und Verbundenheit. Dabei gehören Vertrauen und Motivation zu den Dingen, die am leichtesten verspielt werden können. Und dann nur schwer wieder zu gewinnen sind. Achtsamkeit ist deswegen bei diesen beiden besonders angebracht.

Und Augenhöhe gibt dem Menschen seine Wertigkeit, mit der er sich wieder motiviert in das Unternehmen einbringen kann.

4.12 Wertschätzung durch Vorbild

Führungskräfte sind, ob sie es wollen oder nicht, Vorbilder. Im Guten wie im Schlechten.

Deshalb gilt: Führungskräfte sollten nur das von Mitarbeitern erwarten, was sie selbst bereit sind zu leisten. Auch im Verhalten und Miteinander. „Wasser predigen, Wein saufen" kommt bei Mitarbeitern nicht an und lässt diese auf Distanz gehen. Wer als Vorgesetzter von Mitarbeitern Überstunden erwartet, selbst jedoch ständig Dienst nach Vorschrift schiebt, wird den Überstundenwunsch schwerlich beim Mitarbeiter motivierend platzieren können. Vielleicht mit Druck oder (versteckter) Drohung. Die Auswirkungen beim Mitarbeiter sind dann, selbst wenn er sich auf die Überstunden einlässt, vorhersehbar.

Ob der Mitarbeiter den Vorgesetzten als abschreckendes Beispiel oder ermutigendes Vorbild sieht, ist vor allem an der Frage festzumachen, ob der Vorgesetzte an sich selbst mindestens genauso hohe Erwartungen hat, wie an die Mitarbeiter. Und sie dann auch erfüllt. Hat der Vorgesetzte Erwartungen an seine Mitarbeiter, die er selbst nicht erfüllt, wird es schwer. Vor allem, wenn es um Wertethemen geht wie Kommunikation, Zuverlässigkeit, Vertrauen, Pünktlichkeit, Ehrlichkeit, Wertschätzung, Achtung, Respekt und vieles mehr.

Vorbild heißt auch, das Gegenüber so zu behandeln, wie man selbst gern behandelt werden würde. Der Vorgesetzte, der die Aufgaben des Mitarbeiters gering schätzt oder womöglich noch den Mitarbeiter als unfähig dastehen lässt, braucht sich nicht wundern, wenn der Mitarbeiter sich entsprechend im Umfeld über den Vorgesetzten äußert.

Vorbild sein heißt: Tue was du sagst. Sei selbst so, wie Du es von anderen erwartest. Lebe Wertschätzung. Vorbilder sind glaubwürdig.

4.13   Wertschätzung durch Anerkennung

Wie kann Wertschätzung besser ihren Ausdruck finden, als durch Anerkennung? Jemand der Anerkennung erfährt, wächst über sich hinaus! Nichts ist so anspornend, wie die ehrliche Rückmeldung, dass man etwas wirklich gut gemacht hat. Inklusive der Erklärung, was das Gute war und zu welchem Nutzen es geführt hat. So kann man Ursache und Effekt des Handelns direkt mit den eigenen Fähigkeiten koppeln. Der Zusammenhang wird klar. Und es wird reproduzierbar. Wer ist nicht stolz, einen Erfolgsbeitrag geleistet zu haben, der auch noch wahrgenommen wurde? Und wer würde das nicht gerne wiederholen? Allein dadurch gelingt Motivation.

Jedoch nur, wenn Anerkennung echt und ehrlich ist. Ist sie aufgesetzt oder überzogen, entlarvt sie sich schnell und führt ins Gegenteil. Aufgesetztes Lob ist nichts wert. Das durchschauen Mitarbeiter. Motivierendes Lob und Anerkennung will geübt sein. So wie auch Rückmeldungen geben oder für sich selbst einholen sowie Unterstützung anbieten oder erfragen. Deswegen ist ganz bewusstes Einüben und echtes Interesse die Grundlage und erster Schritt zum authentischen und motivierenden Feedback. Dabei sind effektive Rückmeldungen meist sehr einfach. Z. B. schlicht formuliert in der Anerkennung: „Das war gut/prima, weil … und deshalb …".

Doch ehrlich: Wie oft geben wir Anerkennung? Beschränken sich unsere Rückmeldungen auf Tadel? Natürlich, es muss auch Tadel geben können. Doch auch hier gilt das: Wie? Ist der Tadel so, dass das Gegenüber ihn annehmen kann? Dass seine Person trotzdem wertgeschätzt ist und die gewünschte Verhaltensänderung im Guten von ihm verstanden und angenommen werden kann?

Egal ob Kritik, Tadel oder Anerkennung, Feedback bzw. Rückmeldung, ob positiv oder negativ: entscheidend ist, dies sofort und umgehend, in der oder direkt im Anschluss an die Situation zu tun. Je länger gewartet wird, umso mehr verliert sich Relevanz und Bezug. Selbstverständlich ist dabei auf den individuellen Schutzraum des Einzelnen zu achten. Tadel-Gespräche, die einen Einzelnen betreffen, werden nicht vor der Gruppe geführt. Und auch bei Anerkennung vor der Gruppe ist gut darauf zu achten, dass sich Einzelne der Gruppe nicht zurückgesetzt fühlen.

Der direkte zeitliche Zusammenhang der Rückmeldung zum Geschehen ist deshalb so wichtig und wirkungsvoll, weil sie dann von der Empfängerperson dem entsprechenden Umstand und Zeitpunkt (Situation) zugeordnet werden kann. Zudem kann das Gehirn dies miteinander verknüpfen und gekoppelt speichern. Grundlage, um die Anerkennung als Motivation oder den Tadel als Verhaltensänderung im Guten und im richtigen Bewertungslicht abzuspeichern. Und auch später in vergleichbaren Situationen gekoppelt mit der Bewertung wieder aus dem Gedächtnis abrufen zu können.

Neben dem direkten zeitlichen Zusammenhang ist immer auch entscheidend, das Was und Warum und Wozu zu benennen. Und möglichst bleibt es nicht bei dieser Rückmeldung allein, sondern erklärt auch, warum und wozu es genauso und in der gewählten Art und Weise rückgemeldet wird.

Ein kategorisches „gut gemacht" verpufft. Wie soll es eingeordnet werden, wenn nicht klar ist, was genau, warum und wozu es gut war? Ebenso eine pauschale Rüge. Sie erschreckt, ängstigt oder verbittert Mitarbeiter. Fronten entstehen. Und eine Negativspirale kann sich festsetzen. Anstatt auch bzw. gerade im Falle einer Rüge, die Situation wertschätzend aufzufangen. Zu erklären. Aus Fehlern lernen zu können. Vielleicht sogar etwas Wertvolles daraus zu entwickeln und vor allem die Person als Person wertvoll und motiviert zu erhalten. Mitarbeiter sind letztendlich das, was ein Unternehmen ausmacht!

Menschen, die sich und ihr Tun als gesehen erleben, und die wissen, dass sie und ihre Arbeit wertgeschätzt werden, entwickeln eine gesunde Motivation. Und Anerkennung führt zu Mitarbeitern, die den Tick mehr machen. Weil diese wissen, was ihr Beitrag wert ist und warum, bzw. wozu er dient. Mitarbeiter, die mit Motivation, Freude, Engagement und vielleicht sogar Begeisterung dabei sind. Welcher Vorgesetzte wünscht sich das nicht? Und auch Mitarbeiter sind so glücklicher und erleben die Aufgaben als persönliche Befriedigung oder gar Bereicherung.

4.14 Wertschätzung durch Vertrauen

Vertrauen hat Grenzen. Zugegeben. Und enttäuschtes Vertrauen ist nur schwer wieder zu gewinnen. Jedoch ohne Vertrauen geht es nicht. Wer mag schon Kontrollfreaks? Oder gar Plappermäuler? Also muss Vertrauen eingeübt, manche Enttäuschungen überwunden und immer wieder neu gewagt werden. Auch dabei hilft Klarheit und Wertschätzung. Wer weiß, was Vertrauen bedeutet, welche Auswirkungen dahinterstehen und wie zerbrechlich Vertrauen ist, wird sich einfacher in der Handhabung damit tun und seinem Umfeld die Bedeutung nahe bringen können. Und sich selbst auch einfacher entschuldigen können. Wichtige Voraussetzung, um bei Fehltritten Vertrauen wiederherzustellen.

Vertrauen hat mit Zutrauen zu tun. Zutrauen ins Können und die Verlässlichkeit des Gegenübers. Zutrauen auch in das Wissen des Gegenübers oder um das Wissen der eigenen Grenzen. Und das Wissen, wo Hilfe möglich oder notwendig ist.

Vertrauen hilft, Wertschätzung intensiv werden zu lassen.

Die Ausführungen im eingeführten Modell zum Thema Vertrauen im Rahmen der Wertschätzung zeigen klare Abhängigkeitsfaktoren. So kann Vertrauen dort entstehen, wo Glaubwürdigkeit, Zuverlässigkeit sowie Verbundenheit herrscht. Egoismus, Selbstüberhöhung und Arroganz dagegen zerstören Vertrauen. Diese Abhängigkeiten zeigen, dass Vertrauen letztendlich ein Resultat vieler Faktoren ist.

Vertrauen entsteht durch:

- Glaubwürdigkeit (Sei und tue selbst, was Du sagst oder von Anderen erwartest)
- Zuverlässigkeit (Abmachungen gelten und werden eingehalten)
- Verbundenheit (persönlich, integer, zuhören, mitdenken, interessiert,…)

Vertrauen wird zerstört durch:

- Egoismus
- Selbstüberhöhung
- Arroganz

Ein weiteres: Verbundenheit hilft nie, wenn sie aufgesetzt ist. Das merkt jedes Gegenüber. Echte Verbundenheit kann entstehen, wo angefangen wird, in jedem Menschen das Gute, Freundliche, Wertvolle zu sehen. Lächeln hilft. Sich in die Perspektive des Gegenübers hineinzuversetzen, Fragen zu stellen, Zusammenhänge und Verhalten verstehen zu wollen, zu hören, nachzufragen, dem Anderen entgegenzukommen, zu seinen eigenen Schwächen und gemachten Fehlern zu stehen: Das macht Menschen sympathisch.

Aufmerksamkeit dem Anderen gegenüber ist für die Verbundenheit ein hohes Gut. Einmal im Beachten der Bedürfnisse des Anderen und zum anderen im Mitschwingen seines Menschseins. Welche Führungskraft weiß denn schon um persönliche aktuelle Geschehnisse seiner Mitarbeiter und fragt womöglich nach? Genau das macht aber das Interesse am Anderen echt. Denn wehe der Mitarbeiter merkt, dass dieses Interesse nicht echt ist, oder er gar manipuliert wird. Deshalb ist authentisches, offenes und wertschätzendes Verhalten auch hier die Grundlage Nummer 1.

Um Menschen zu verstehen und um gute Entscheidungen treffen zu können, braucht es zunächst viele Informationen. Wie anders als durch fragen und zuhören und zuhören und fragen soll das besser gelingen? Ungeteilte Aufmerksamkeit bei der Kommunikation ist dabei unabdingbar. Doch oft ist der Redeanteil der Führungskraft überproportional oder haben Nebenschauplätze deren parallele Aufmerksamkeit. So ist bereits vorprogrammiert, dass Mitarbeiter sich zurückhalten, sich in die Ecke gedrängt oder überfahren fühlen, oder die Motivation in den Keller sackt.

Vertrauen und Motivation gehören zu den Dingen, die am leichtesten verspielt werden können, und dann nur schwer wieder zu gewinnen sind. Achtsamkeit ist deswegen bei diesen beiden besonders angebracht.

4.15 Wertschätzung, Motivation und die Sinnfrage

Manche Vorgesetzten nehmen, wenn sie die Stelle wechseln, ihre Mitarbeiter-Krankheitsrate mit. Obwohl es eine andere Abteilung und neue Mitarbeiter sind. Könnte das gar einen Zusammenhang mit dem Vorgesetzten selbst haben? Doch welches Unternehmen interessiert das?

Orientierungslosigkeit und mangelnde Wertschätzung sind Faktoren, die Menschen demotivieren und krank machen können. Oder sie verabschieden sich innerlich.

Echte Motivation ist nicht von außen allein erzeugbar, geschweige denn erzwingbar. Bleibende Motivation kommt immer aus dem jeweiligen Menschen selbst, aus seinem Inneren heraus. Als intrinsische Motivation. Auch so bei jedem Mitarbeiter. Was eine Führungskraft jedoch leisten kann ist, Randbedingungen zu schaffen, die diese intrinsische Motivation des Mitarbeiters fördern oder zumindest nicht zunichtemachen. Wichtige Randbedingung und Voraussetzung ist z. B., den Mitarbeiter als Menschen und seine Arbeit wertzuschätzen. Dem Mitarbeiter den Nutzen und die Erreichbarkeit der Ziele, seines Einsatzes und seiner Tätigkeiten aufzuzeigen. Identifikation zu schaffen. Dem Mitarbeiter den Hintergrund zu erklären, das „warum und wozu will ich etwas so haben, wie ich es haben will" zu erläutern. Sinn zu vermitteln. Sicherheit zu geben. Klarheit und Wertschätzung zu leben.

Dagegen sind wesentliche Gefahren, Mitarbeiter zu demotivieren oder gar zu verlieren, z. B. unklare Aufgaben, fehlende oder nur negative Rückmeldungen, den Mitarbeiter im Unsicheren lassen, aneinander vorbei leben, und so weiter.

Gute Führungskräfte nutzen jede Chance, Gedanken, Entscheidungen, Rückmeldungen, usw. zu begründen. Und sie verpassen nicht die Gelegenheit, dass der Andere einen noch besseren Gedanken dazu haben könnte. Durch Zuhören und Nachfragen fühlt sich der Andere ernst genommen. Die meisten Vorgesetzten meinen nun, das gilt für den Mitarbeiter. Nein. Der Vorgesetzte ist es, der dem Mitarbeiter zuhört, der nachfragt. Dies gibt dem Mitarbeiter die Möglichkeit, selbst Gedanken zu entwickeln. Dem Vorgesetzten gibt es die Möglichkeit zu hören, wo Unklarheiten sind. Und es kann Aspekte zutage fördern, an die die Führungskraft noch gar nicht gedacht hat. Ein Mitarbeiter, der zu Wort kommt und dessen Meinung interessiert, wird Motivation entwickeln.

Und dann als Führungskraft den Schritt weiter zu gehen: Mitarbeitern etwas zuzutrauen. Auch wenn es nicht ganz nach eigenen Vorstellungen läuft. Doch immer dann, wenn Mitarbeiter ihr Wissen und Können einsetzen oder sich gefahrlos ausprobieren können, entsteht Motivation. Deshalb lohnt es sich, Aufgaben und Verantwortung mitarbeitergerecht zu übertragen. Auf Unter- und Überforderungsaspekte zu achten. Und eben klar und wertschätzend zu sein.

Menschen brauchen Sinn. Gerade bei einer Tätigkeit, die im menschlichen Leben so viel zeitlichen Raum in Anspruch nimmt wie die berufliche Arbeit. Dieser Sinn erschließt sich umso mehr, je mehr jemand in das Geschehen und dessen Hintergründe eingebunden ist. Je genauer also das Warum und Wozu klar sind, und beides für den Betroffenen nachvollziehbar, ja bestenfalls sogar relevant ist. Sinn und intrinsische Motivation sind der dauerhafteste Antrieb eines Menschen. Sie sind dann besonders ausgeprägt, wenn Nutzen und Erreichbarkeit eines Zieles für ihn persönlich höchst attraktiv sind.

Zugegeben ist das nicht immer einfach, Menschen für die Arbeit und Firma zu begeistern, zu motivieren und zu gewinnen. Vor allem in Zeiten der Individualität, der Sattheit und des Fachkräftemangels. Das ist eine der Herausforderungen von Führung heute. Doch letztendlich macht genau das den Unterschied aus und führt zum Erfolg und letztlich innerer Zufriedenheit. Auch bei der Führungskraft.

Der Sinn im Tun ist das eine. Elementar ist für jeden Menschen, seinen eigenen Sinn zu finden. Grundlage dafür ist insbesondere, wenn ein Mensch weiß: Was sind meine inneren Werte? Wofür stehe ich? Und wie lebe ich diese im Außen? Authentisch und glaubwürdig. Das gibt dann Sinn! Und das interessiert andere Menschen.

Was unterscheidet uns als Menschen heute von früheren Jahrhunderten? Was macht uns heute aus? Wir sind als Menschen in Europa in der Mehrzahl Freiheit und Eigenverantwortlichkeit gewohnt. Wir wollen wahrgenommen werden. Wir suchen Sinn. Das Individuum steht heute im Vordergrund. Wir sind global vernetzt. Informationen sind ständig und überall verfügbar. Wir wollen uns selbst verwirklichen. Und wir haben ein Bildungsniveau, das es vielen ermöglicht, bei verschiedensten Themen mitzusprechen oder sich einzuarbeiten. Dies nun als Führungskraft auch bei Mitarbeitern zu berücksichtigen, eröffnet große Chancen.

Keiner kann einen anderen ausschließlich von außen langfristig und ehrlich motivieren. Jedoch eine annehmbare und förderliche Grundlage schaffen, das ist von außen sehr wohl möglich. Die Führungskraft hat dies mit in der Hand: Klarheit und Wertschätzung können Mitarbeiter motivieren und Sinn in ihrem Tun finden lassen.

Folgendes kann ergänzend eine kleine Auswahl an externen Motivationsmöglichkeiten geben, also extrinsische Motivations-Förderer aufzeigen:

- Grundbezahlung, Sozialleistungen, Prämien (seien wir ehrlich … deswegen gehen die meisten in unseren Industriegesellschaften arbeiten)
- Arbeitsatmosphäre und Führungsstil/klar wertschätzend motivierend
- Arbeitsgeräte und Einrichtung, Ressourcen und Rahmenbedingungen
- Mitarbeiter einbeziehen/Sondierungsfragen/Entscheidungen erklären
- Auf Augenhöhe zuhören und kommunizieren
- Konstruktive, zeitnahe Rückmeldungen (Lob & Tadel)
- Lob, Anerkennung (spürbar in Wort & Tat), Dank, Erfolg
- Tat: Geschenke, Essen, Prämie, gemeinsame Events, …
- Vertrauen, Verantwortung und Handlungsspielraum – selbst bestimmtes Arbeiten
- Zielvereinbarung, Freiraum, Vertrauen, Begleitung, Rückmeldung
- Mitarbeiter eigene Ideen entwickeln, gestalten und umsetzen lassen – Selbstwirksamkeit
- Sinn der Tätigkeit, Identifikation und Zugehörigkeit
- Sprachgebrauch (wie verwenden wir Worte?)
- Wir & Gemeinschaft/Teamarbeit/Anerkennung von Individual- und Teamleistung
- Chefs, die unter Berücksichtigung der MA-Inputs entscheiden und als Person selbst zu Fehlern stehen

4.16 Klarheit und Wertschätzung: Führen und geführt werden

Die meisten Führungskräfte erleben beides: führen und geführt werden.

OK. Als Führungskraft führen: Ja. Geführt werden: manchmal schon weniger.

Das hat etwas mit dem Selbstverständnis von vielen Führungskräften zu tun. Und dennoch: Ist diesen Führungskräften dabei die eigene persönliche Mitarbeiterrolle bewusst? Als vergleichbar, gar identisch zu der der eigenen Mitarbeiter? Erfüllen diese Führungskräfte die Erwartungen, die sie an ihre Mitarbeiter haben, selbst auch bei ihrem eigenen Vorgesetzten? Authentisch? Als Vorbild? Nehmen sie die Befindlichkeiten der eigenen Mitarbeiter so ernst, wie sie sich wünschen, dass ihr eigener Vorgesetzter ihre Befindlichkeiten ernst nimmt? Und wenn dieser es nicht tut, machen sie es bei den eigenen Mitarbeitern trotzdem? Denn sie wissen nun darum und machen es deswegen besser!

Und bezüglich Unklarheit: wenn die Führungskraft selbst einmal keine Klarheit hat, gesteht sie es zu. Und formuliert, dass sie noch keine Klarheit hat und noch dabei ist, sich ein Bild zu machen.

Vor allem wenn der Führungskraft für übergeordnete Ziele die Klarheit fehlt. Dann fordert sie diese unbedingt ein. Denn jede Führungskraft ist eben an anderer Stelle auch Mitarbeiter und hat ebenfalls das Bedürfnis nach Klarheit und Wertschätzung, nach Sinn und Motivation.

In beiden Fällen, als Führungskraft sowie als geführter Mitarbeiter, hilft Klarheit und Wertschätzung. Es braucht immer den Blick für das Gesamtsystem, die Person, Situation und Umstände.

Diese Vergleiche ließen sich beliebig fortsetzen. Mit all den Themen dieses Buches. Und es gibt keinen einzigen Grund, warum der eigene Mitarbeiter als Mensch anders bewertet oder behandelt werden soll, als man als Führungskraft und Mensch selbst beim eigenen Vorgesetzten bewertet oder behandelt werden will. Es sind immer die Menschen, die das Wesentliche ausmachen!

4.17 Klarheit und Wertschätzung: Der Gesundheitsaspekt

Nicht zuletzt noch einen Blick auf den gesundheitlichen Aspekt. Klarheit und Wertschätzung sind fundamentale Werte. Nicht nur für den Umgang von Menschen miteinander, für zielorientierte Führung oder Arbeit, für Effizienz und Effektivität. Sie sind auch und gerade gesundheitlich ein mehr als wichtiger Aspekt. Eine klare Relevanz. Sie tragen zur physischen und psychischen Gesundheit des Einzelnen bei. Sowohl der Gesundheit der Führungskraft als auch des Mitarbeiters.

Fehlende Klarheit birgt Unsicherheit, Irrwege, Doppelarbeit, usw. Terminverzögerungen und Missverständnisse sind offensichtliche Folgen. All dies erzeugt Druck. Druck wiederum Stress. Stress und Druck haben Einfluss auf körperliche Funktionen und Zustände. Allein der übliche Sprachgebrauch verdeutlicht dies: das schlägt mir auf den Magen, das sitzt mir im Nacken, das bricht mir das Kreuz, und viele Beispiele mehr. Stress hat jedoch auch Einfluss auf Konzentration und Aufmerksamkeit. Was wiederum Einfluss auf Sicherheit und Unfallwahrscheinlichkeit hat.

Fehlende Wertschätzung, Vorwürfe und Missverständnisse, das Nicht-Wissen woran man beim Anderen ist, negative Gefühle, usw. beeinträchtigen die Psyche und das Wohlbefinden. Die Arbeit leidet, Minderwertigkeitsgefühle drücken die Menschen nieder. Frust mindert die Leistungsfähigkeit und schadet der Gesundheit. Fehlende Motivation führt zu Dienst nach Vorschrift oder gar innerer Kündigung. Oder als Gegenteil: innerer Protest formt Rebellen. Gestörte Beziehungen, Frust, Überforderung oder Unterforderung in Verbindung mit entsprechender psychischer Konstitution und Konfrontation machen krank, sind der Einstieg in die Burn-Out-Spirale. Allein psychische Gewalt durch Worte oder gar durch Schweigen ist oftmals leider Alltag. Auch hier gibt es Alltagssätze wie: der geht mir auf den Geist, das Gesagte verletzt mich, ich bin am Boden zerstört, ich sehe keinen Sinn mehr, das macht mich kaputt, und weiteres mehr. Im Gegensatz zur körperlichen Verletzung ist die psychische in der Regel nicht zu sehen. Was es nicht einfacher macht. Und im Extremfall können psychische Verletzungen auch in den (suizidalen) Tod führen. Eine verletzte Seele wirkt in Folge auf innere Energie und Motivation. Dies bleibt nun wiederum nicht verborgen, sondern wird im äußeren Alltag als Auswirkung spürbar: In der Arbeitsweise und im Verhalten der Person, auch gegenüber anderen. Sind Führungskräfte dafür sensibel?

Heute ist wissenschaftlich gesichert, dass das psychische und physische, also das seelisch-emotionale und körperliche Wohlbefinden, direkt zusammenhängen und sich wechselseitig beeinflussen. Die moderne Hirnforschung belegt dies zur Genüge. Im Bio-Psycho-Sozialen-Modell wird dies noch auf den öko-sozialen Bereich erweitert. Sodass zum physischen und psychischen Zusammenhang noch die lebensweltbezogenen Faktoren der äußeren Umwelt und Beziehungen hinzukommen. Man spricht von 3 Systembereichen: Körper, Psyche, Lebenswelt.

Übrigens auch der statistisch erhobene Glücksindex spiegelt das wieder. Forscher weisen darauf hin, dass Glück stark mit dem sozialen Umfeld verknüpft ist. Und glückliche Menschen erleben sich als gesünder.

So führen Klarheit und Wertschätzung zu echter persönlicher Anerkennung sowie effektivem und effizientem Arbeiten, zu weniger Stress und mehr Wohlergehen, zu besserer physischer und psychischer Gesundheit, zu einem intakten Umfeld. Und in Folge zu mehr Präsenz am Arbeitsplatz und mehr Leistungsfähigkeit.

Also sind Führungskräfte im Rahmen ihrer Aufgabe aufgerufen, für sich und ihre Mitarbeiter dies zu beherzigen. Es ist entscheidend, sich diesem starken und auswirkungsreichen Zusammenhang der 3 Bereiche Körper, Psyche, Lebenswelt bewusst zu sein. Darauf zu achten. Sowie durch Klarheit und Wertschätzung im Alltag für sich und die Mitarbeiter diese 3 in einer gesunden Balance zu halten.

Nicht nur als Führungskraft lohnt sich dies. Schon allein für uns selbst als Mensch sollte uns dies mehr als wertvoll sein.

Und Führungskräfte sind immer auch Vorbilder – abschreckende oder ermutigende. Achten Führungskräfte im Guten auf ihre eigene Gesundheit, sorgen sie für sich selbst und ihre Mitarbeiter und thematisieren dies im Gespräch, dann ermutigen sie damit die Mitarbeiter, dies auch zu tun. Und geben den Mitarbeitern dafür die notwendige Sicherheit mit auf den Weg. Langfristig gesund und leistungsfähig zu bleiben, ist für alle Beteiligten ein Gewinn.

Eine Führungs- und Unternehmenskultur, in der Klarheit und Wertschätzung, Vertrauen, Offenheit, Sicherheit, Vielfalt und Motivation im Alltag gelebt werden, trägt wesentlich zur Gesundheit aller bei.

Fazit und Ausblick 5

Führungskräfte geben Orientierung. Wirkliche Führungskräfte gestalten einen Raum, in dem Andere gerne leben und arbeiten wollen, gesund bleiben können, zu Leistung beflügelt werden und sich entfalten können.

Echte Führungskräfte leben dies in Klarheit und Wertschätzung. Durch diese Kombination entsteht eine zielgerichtete und menschliche Führung. In unserer Zeit. Mit all ihren Randbedingungen. Unter Berücksichtigung von Individualität und Umfeld, Situation und Zusammenhang, Fakten und Emotionen. Stets authentisch und menschlich. Sodass sich Führungskräfte und Geführte damit gerne identifizieren.

Die Gallup-Studien der zurückliegenden Jahre zeigen es: Dienst nach Vorschrift macht ein Mitarbeiteranteil zwischen 60 und 70 %. Was für ein Potenzial! Wenn diese gerne den Tick mehr machen würden …

Mit Klarheit und Wertschätzung hat die Führungskraft elementare Werte und Werkzeuge dafür an der Hand. Und: Die erste Hürde der Führungskraft ist, Mitarbeiter nicht zu demotivieren (was leider oft unbewusst allzu oft geschieht). Jeder Schritt dazu zählt.

Eine Führungskraft, die in sich den Wert der Menschlichkeit in Wertschätzung und Klarheit entdeckt hat, wird Menschen wirklich gewinnen können. Dies bedarf der persönlichen Entwicklung, Reifung und Klärung – ein lohnender Einsatz.

Authentizität und Liebe zu den Menschen ermöglichen eine Führung in Klarheit und Wertschätzung.

P.S.

Als Leser haben Sie in diesem *essential* einen Aspekt vermisst? Ein Thema ist aus Ihrer Sicht nicht genannt? Dann übertragen Sie das Gelesene in wertiger Klarheit mit der gebotenen Wertschätzung darauf. Probieren Sie sich aus!

© Springer Fachmedien Wiesbaden GmbH, ein Teil von Springer Nature 2019   43
G. Massini, *Klarheit und Wertschätzung in der Führung,* essentials,
https://doi.org/10.1007/978-3-658-23353-2_5

Was Sie aus diesem *essential* mitnehmen können

- Führungs-Basiswissen für Führungskräfte und Vorgesetzte
- Wie im praktischen Alltag eine Führung in Klarheit und Wertschätzung gelingt, zum zentralen Erfolgsfaktor wird, und sie den Menschen und dem Unternehmen gleichermaßen gerecht wird
- Konkrete Werkzeuge, Anregungen und Beispiele, um klar und wertschätzend zu führen und zu kommunizieren, um Ziele klar und wertschätzend und motivierend zu definieren, um Puffer für Aufgaben und Personen und Zeit zu handhaben, um in unklaren Situationen Klarheit herzustellen, um Vorbild und Anerkennung als solche zu leben, um sowohl in der Rolle als Führungskraft als auch als Mitarbeiter selbst zurecht zu kommen, um Führung nachhaltig zu gestalten und zu leben, und vieles mehr
- Möglichkeiten, den eigenen persönlichen und authentischen Führungsstil zu entwickeln
- Eine Unternehmens- und Führungskultur, die in Klarheit und Wertschätzung einen Raum gestaltet, in dem Andere gerne leben und arbeiten wollen, gesund bleiben können, zu Leistung beflügelt werden und sich entfalten können

© Springer Fachmedien Wiesbaden GmbH, ein Teil von Springer Nature 2019   45
G. Massini, *Klarheit und Wertschätzung in der Führung*, essentials,
https://doi.org/10.1007/978-3-658-23353-2

Literatur

Albom, Mitch. 1998. *Dienstags bei Morrie, Die Lehre eines Lebens*. München: Goldmann.

Bach, Carsten. 2012. *Mehr Wertschätzung und Anerkennung im Job. Wie Mitarbeiter und Führungskräfte die betriebliche Zusammenarbeit fördern und die Beziehungsqualität verbessern können*. Hamburg: Tredition.

Bauer, Joachim. 2008. *Prinzip Menschlichkeit. Warum wir von Natur aus kooperieren*. München: Wilhelm Heyne.

Bauer, Joachim. 2010. *Das kooperative Gen*. München: Wilhelm Heyne.

Bittelmeyer, Andrea. 2014. Das Ende des Ellbogenprinzips. Erfolgsfaktor Selbstlosigkeit. *Manager Magazin*, Mai 2014, 38–43.

Colemann, David. 2009. *42 rules for successful collaboration*. Cupertino: Superstar Press.

Copray, Norbert. 2010. *Fairness: Der Schlüssel zu Kooperation und Vertrauen*. Gütersloh: Gütersloher Verlagshaus.

Doran, G.T. 1981. There's a S.M.A.R.T. way to write management's goals and objectives. *Management Review* 70 (11): 35–36.

Fischer-Epe, Maren. 2004. *Coaching: Miteinander Ziele erreichen*. Reinbek bei Hamburg: Rowohlt.

Frankl, Viktor E. 1985. *Der Mensch vor der Frage nach dem Sinn: Eine Auswahl aus dem Gesamtwerk*. München: Piper.

Frankl, Viktor E. 2007. *Ärztliche Seelsorge: Grundlagen der Logotherapie und Existenzanalyse*. München: Dtv.

Friedag, Herwig R., und Walter Schmidt. 2009. *Management 2.0: Kooperation. Der entscheidende Wettbewerbsvorteil*. München: Haufe.

Fuchs-Brünninghoff, Elisabeth, und Horst Gröner. 1999. *Zusammenarbeit erfolgreich gestalten*. München: Dtv.

Goleman, Daniel. 2007. *Emotionale Führung*. Berlin: Ullstein.

Goleman, Daniel. 2008. *Soziale Intelligenz*. München: Knaur.

Grant, Adam. 2014. *Give and Take. Erfolgreich sein zum Vorteil aller*. London: Phoenix.

Hansen, Morten T. 2009. *Collaboration. How leaders avoid the traps, create unity and reap big results*. Boston: Harvard Business Press.

Hüther, Gerald. 2013. *Was wir sind und was wir sein könnten: Ein neurobiologischer Mutmacher*. Berlin: Fischer.

Klein, Stefan. 2010. *Der Sinn des Gebens*. Frankfurt a. M.: Fischer.

© Springer Fachmedien Wiesbaden GmbH, ein Teil von Springer Nature 2019

G. Massini, *Klarheit und Wertschätzung in der Führung,* essentials,

https://doi.org/10.1007/978-3-658-23353-2

Löhken, Sylvia. 2013. *Leise Menschen – Starke Wirkung*. Offenbach: Gabal.

Löhr, Jörg. 2004. *Lebe Deine Stärken! Wie du schaffst, was du willst*. Berlin: EconUllstein.

Löhr, Jörg, und Heiner Brand. 2008. *Projekt Gold, Wege zur Höchstleistung*. Offenbach: Gabal

Malik, Fredmund. 2006. *Führen Leisten Leben*. Frankfurt a. M.: Campus.

Neuberger, Oswald. 2002. *Führen und führen lassen*. Stuttgart: Lucius & Lucius.

Newberg, Andrew, und Waldman, Mark Robert. 2013. *Die Kraft der Mitfühlenden Kommunikation*. München: Kailash.

Precht, Richard David. 2010. *Die Kunst, kein Egoist zu sein*. München: Goldmann.

Rosenberg, Marshall B. 2012. *Gewaltfreie Kommunikation*. Paderborn: Junfermann.

Schulz von Thun, Friedemann. 1999. *Miteinander Reden*, Bd. 1–3. Reinbek bei Hamburg: Rowohlt.

Sennett, Richard. 2012. *Zusammenarbeit. Was unsere Gesellschaft zusammenhält*. Berlin: Hanser.

Siefer, Werner. 2010. *Wir … und was uns zu Menschen macht*. Frankfurt a. M.: Campus.

Sprenger, Reinhard K. 2002a. *Mythos Motivation, Wege aus der Sackgasse*. Frankfurt a. M.: Campus.

Sprenger, Reinhard K. 2002b. *Vertrauen führt, Worauf es im Unternehmen wirklich ankommt*. Frankfurt a. M.: Campus.

Stöger, Gabriele. 2006. *Besser im Team. Stärken erkennen und nutzen*. Beltz: Weinheim.

Tomasello, Michael. 2010. *Warum wir kooperieren*. Berlin: Suhrkamp.

Triebel, Class, und Hürter, Tobias. 2012. *Die Kunst des kooperativen Handelns*. Zürich: Orell Füssli.

Watzlawick, Paul. 2000. *Menschliche Kommunikation*. Bern: Hans Huber.

Wunderer, Rolf. 2011. *Führung und Zusammenarbeit. Eine unternehmerische Führungslehre*. Köln: Wolters Kluwer.

Zink, Jörg. 2003. *Gelassenheit als Ziel christlicher Spiritualität. Audio CD*. Müllheim: Auditorium-Netzwerk.